ABAIXO AS VERDADES SAGRADAS

HAROLD BLOOM

ABAIXO AS VERDADES SAGRADAS

*Poesia e crença desde a Bíblia
até nossos dias*

Tradução
Alípio Correa de Franca Neto
Heitor Ferreira da Costa

Copyright © 1987, 1989 by Harold Bloom
Publicado por acordo com a Harvard University Press

*Grafia atualizada segundo o Acordo Ortográfico da Língua Portuguesa de 1990,
que entrou em vigor no Brasil em 2009.*

Título original
Ruin the sacred truths
Poetry and belief from the Bible to the present

Capa
Jeff Fisher

Revisão
Larissa Lino Barbosa
Juliane Kaori

Atualização ortográfica
Verba Editorial

Dados Internacionais de Catalogação na Publicação (CIP)
(Câmara Brasileira do Livro, SP, Brasil)

Bloom, Harold
    Abaixo as verdades sagradas : poesia e crença desde a Bíblia até
nossos dias / Harold Bloom ; tradução Alípio Correa de Franca
Neto, Heitor Ferreira da Costa. — São Paulo : Companhia das
Letras, 2012.

    Título original: Ruin the sacred truths
    Poetry and belief from the Bible to the present.
    ISBN 978-85-359-2043-7

    1. Cânones da literatura 2. Crítica literária 3. Poesia —
História e crítica 4. Religião e literatura I. Título.

12-00709   CDD-809.1

Índice para catálogo sistemático:
1. Poesia e crença : História e crítica 809.1

2012

Todos os direitos desta edição reservados à
EDITORA SCHWARCZ S.A.
Rua Bandeira Paulista, 702, cj. 32
04532-002 — São Paulo — SP
Telefone: (11) 3707-3500
Fax: (11) 3707-3501
www.companhiadasletras.com.br
www.blogdacompanhia.com.br

Para Jonathan Spence

o Argumento
manteve-se por um tempo receoso de que seu intento
Fosse pôr abaixo (pois seu poder bastava o tanto)
As verdades sagradas para o Mito e o Antigo Canto

ANDREW MARVELL, "Sobre o *Paraíso perdido*"

SUMÁRIO

1. A Bíblia hebraica *13*
2. De Homero a Dante *36*
3. Shakespeare *61*
4. Milton *103*
5. Iluminismo e romantismo *127*
6. Freud e além *154*

Sobre o autor *215*

PREFÁCIO

Este livro é o texto ampliado das preleções Charles Eliot Norton realizadas entre 1987-8 na Universidade Harvard.

Sou grato a Marjorie Garber, Kathryne Lindberg, Robert e Jana Kiely, Cresap e Sally Moore, Lucy Boling, Victoria Macy, Edison Miyawaki e Betty McNally pela gentileza de sua hospitalidade durante o ano acadêmico de 1987-8.

Harold Bloom
Cambridge, Massachusetts
março de 1988

1. A BÍBLIA HEBRAICA

POR VOLTA DO ANO 100 ANTES DA ERA COMUM, um fariseu compôs o que a tradição chamou o Livro dos Jubileus, título exuberante para obra tão medíocre. Esse texto prolixo é também conhecido como o Pequeno Gênesis, uma estranha denominação, pois é muito mais longo do que o Gênesis e compreende também o Êxodo. Não aprecio a leitura do Livro dos Jubileus, mas ele me fascina, não pelo que contém, mas por tudo o que exclui. O que omite do Gênesis e do Êxodo, por um intuito curiosamente proléptico, é quase tudo naqueles livros da Bíblia hebraica que os estudos modernos atribuem ao Javista, ou autor J. Vamos chamá-lo simplesmente de J, e meditar acerca de sua expulsão, na prática, dessa reelaboração narrativa farisaica.

De acordo com vários estudiosos recentes da Bíblia, incluindo muitos literalistas que se recusam a reconhecer uma metáfora mesmo quando a têm diante dos olhos, J não conheceu existência real, tendo sido mera invenção da escola de Wellhausen e de quantos lhe sucederam. A autoria está um tanto fora de moda no momento, devido às preferências parisienses, mas, a exemplo das saias mais curtas, também a autoria sempre volta. Não vou teorizar sobre isso, pois acredito que a literatura faz parte da especulação ou do assombro, e toda hipótese é boa o bastante para mim. A crítica americana, como esplendidamente nos lembra Richard Rorty, é uma das consequências do pragmatismo. O autor primacial J, mais antigo do que seu ilustre rival, a hipótese Homero, constitui uma diferença que produziu uma diferença avassaladora, sobredeterminando em demasia a todos nós — judeus, cristãos, muçulmanos e leigos. J contou histórias; assim também o fez Homero. Não se pode conceder a palma pela força narrativa a um em detrimento do outro. Tudo o que qualquer um de nós pode dizer é que o Gênesis e o Êxodo, a

Ilíada e a *Odisseia* inauguram a força na literatura ou o sublime, e, então, avaliamos Dante e Chaucer, Cervantes e Shakespeare, Tolstói e Proust, com relação àquele padrão de medida.

Não há dois autores fortes mais dessemelhantes do que J e Homero. Escrevo isso e, então, tenho de refletir que Tolstói assemelha-se a ambos, declaradamente de propósito. Porém, assemelha-se a elementos distintos em cada um deles. *Guerra e paz* e, ainda mais, *Hadji Murad*, o pequeno romance em que o velho Tolstói retornou ao teatro militar de sua juventude, oferecem-nos algo próximo ao senso homérico dos homens em luta, com o movimento variável entre o combate individual e as operações militares em grupo. Excluem os deuses homéricos e a luta homérica entre deuses e homens. O que compartilham com o Javista, implicitamente, é o cosmo governado por Iahweh, em que é possível uma fé suprema. O que excluem de J é uma ironia radical, diversa de quase qualquer outra ironia, que encontro também em certos momentos de Kafka. Essa ironia não é nem o contraste ou a distância entre a expectativa e a satisfação, nem a afirmação de uma coisa enquanto se tem outra em mente. É ela a ironia do sublime hebraico de J, em que realidades absolutamente incomensuráveis se chocam e não se podem deslindar.

O simples fato de representar Iahweh é, de qualquer modo, o maior exemplo dessa sublime ironia e levanta permanentemente a insolúvel questão estética da poesia e da crença. Eu próprio não acredito que a secularização seja em si um processo literário. O escândalo é a obstinada resistência da literatura imaginativa às categorias do sagrado e do secular. Caso queiram, pode-se insistir que toda grande literatura é secular, ou então, se assim o desejarem, que toda poesia forte é sagrada. O que acho incoerente é a opinião de que determinada arte literária autêntica é mais sagrada e secular do que alguma outra. Poesia e crença vagueiam, juntas e separadas, num vazio cosmológico marcado pelos limites da verdade e do sentido. Em algum ponto entre a verdade e o sentido pode-se encontrar, empilhado, um terrível acúmulo de descrições de Deus. Não me lembro jamais ter lido uma tentativa, por estudioso da Bíblia ou crítico literário, de descrever precisamente *como* J cuidou de nos oferecer uma representação de Iahweh. É bem possível que J tenha criado Iahweh, muito embora não o tenha inventado. As representações de Iahweh feitas pelo Eloísta, ou pelo escritor Sacerdotal, ou pelo Deuteronomista, ou pelos profetas: todas divergem imensamente da visão que J tem de Deus. "Visão de Deus" não é uma expressão precisa para se aplicar ao modo de J representar Iahweh, já que suas imagens de Iahweh não são visuais, mas auditivas, dinâmicas e motoras. Todavia, exatamente como o Jacó ou a Tamar de J constituem personalidades soberbas, assim o é o Iahweh de J, embora "personalidade" seja uma palavra surpreendente para se empregar neste contexto. No entanto, a surpresa é um dos elementos dominantes do Iahweh de J. Esse primeiro Iahweh, tão diferente de sua forma reduzida no judaísmo ou no cristianismo normativos, é o coroamento do trabalho de J, e para nós continua impossível assimilá-lo, pelo menos sem uma crise espiritual e cognitiva de um extremo a outro de nossa cultura, até mesmo entre os mais seculares.

Uma crise, sobretudo de tipo cognitivo, não precisa ser mais do que um ponto crucial, uma mudança ou um desvio que nos leva por um caminho que se mostra mais nosso do que poderíamos ter previsto. Penso que, como crítico, meu verdadeiro tema tenha sido o que tradicionalmente se chamou o sublime, que eu descreveria — guiando-me pelo autor clássico a quem chamamos Longino, bem como por Shelley, em sua *Defense of poetry* [Defesa da poesia] — como o modo do *agon* literário, a luta de cada indivíduo para responder ao tríplice problema concernente às forças em disputa do passado e do presente: mais? igual a? ou menos que? Longino e Shelley também sugerem que o sublime literário é o sublime do leitor, e isso significa que o leitor precisa ser capaz de adiar o prazer, pondo de parte contentamentos mais fáceis em favor de uma recompensa mais demorada e difícil. Essa dificuldade é a marca autêntica da originalidade, a qual precisa parecer excêntrica até que usurpe o espaço psíquico e estabeleça a si própria como um novo centro. Essa é uma antiga teoria da poesia, mais velha do que Longino, porque remonta ao relato de Aristófanes, em *As rãs*, do *agon* entre Ésquilo e Eurípides, no qual este manifesta todos os sintomas de um grave caso de angústia da influência.

Comecei a chegar à ideia daquilo que chamo pelo neologismo "facticidade" ao fazer uma releitura cuidadosa do importante original de todos os autores na Bíblia hebraica. As histórias de Iahweh e dos patriarcas narradas por J nos são tão familiares que simplesmente não podemos lê-las, porque são insólitas [*uncanny*] ou sublimes no sentido freudiano de *unheimlich*, algo por demais familiar. Essas histórias continuam a ser tão originais que não as podemos ler em um outro sentido, o que significa que ainda fazemos parte de uma tradição que nunca lhes pôde assimilar a originalidade, a despeito de muitos esforços para tanto. Estou pensando naquelas estranhas histórias como a de Iahweh fazendo Adão a partir de um pouco de argila úmida e, em seguida, assoprando sobre ela, ou a de Iahweh sentado no chão, sob os terebintos em Mamre, devorando novilhos assados, coalho, pão e leite, e, então, sendo ofendido pelo escárnio sensato da velha Sara, quando lhe profetiza o nascimento de Isaac. Porém, J nos conta histórias ainda mais fantásticas de Iahweh, tais como a do comportamento ímpio de Iahweh ao confundir os audazes construtores da Torre de Babel, o ataque assassino e imotivado de Iahweh a Moisés, no Êxodo, quando o pobre Moisés acampa à noite no caminho para o Egito; e a história extraordinária de Iahweh enterrando Moisés com as próprias mãos numa cova não marcada. Ainda mais fantástica é a história que nos conta J, não de Iahweh, mas de um anjo que interpreto como sendo o anjo da morte, um anjo anônimo, com quem Jacó se bate durante toda a noite em Penuel, a fim de conquistar a bênção agonística do novo nome que é Israel. Que essas histórias e outras que tais não podem ser descartadas como antropomórficas, nem tornadas meramente normativas, é algo demonstrável do ponto de vista analítico, mas eu as citei como simples evidência histórica de que todo traço essencial do escritor J foi completamente apagado do Livro dos Jubileus, cujo autor, altamente normativo, simplesmente recusou-se a assimilar tudo o que é mais original e difícil em J.

J foi um grande escritor extremamente excêntrico, cuja dificuldade e originalidade ainda são obscuras para nós, e por nossa causa, devido a uma condição de encerramento que o poder de J nos impôs. Quando tentamos chamar de antropomórficas as histórias de Iahweh narradas por J, estamos, na verdade, a nos defender de J, por via de uma interpretação excessivamente literal do ser figurado que ele chamou de Iahweh. Quando essa literalização excessiva alcança seu ponto máximo, chegamos ao que Blake satirizou como sendo a visão que temos de Deus como Urizen ou Nobodaddy, um ancião nebuloso a pairar no céu. No entanto, na Teofania do Sinai, J nos mostra a cena de um piquenique; Moisés e setenta anciãos de Israel sentados comendo a refeição da Aliança enquanto contemplam Iahweh face a face. Defrontados pela dignidade insólita do que poderíamos chamar de Patriarcas teomórficos tal como representados por J, recuamos à mera facticidade de murmurar a respeito de uma deidade antropomórfica.

Os dois outros exemplos principais dessa facticidade confinante são Shakespeare e Freud, no sentido em que E. P. Thompson, o historiador inglês marxista, chamou Shakespeare de "o velho Adão da língua inglesa", e no sentido mais recente, em que Freud nos usurpou a dicção para descrever todas as instâncias, operações e acontecimentos psíquicos. Por "facticidade" entendo o estado de ser capturado numa factualidade ou contingência que é um contexto inalterável e do qual não se pode escapar. Eu *não* entendo facticidade no sentido de Heidegger, porque sua hermenêutica privilegia o grego e o alemão como línguas e culturas, de modo que nossa compreensão do mundo, embora limitada por nossa tradição e nossa circunstância factual na história, é, no·entanto, secundada pela interpretação apropriada das tradições das línguas grega e alemã. Estou, porém, sugerindo que há uma contingência bruta em todas as origens enquanto tais, e, desse modo, o engendramento de toda tradição é absolutamente arbitrário, incluindo as tradições javista, shakespeariana e freudiana de conceber a natureza e o destino dos seres humanos. E não quero recorrer a "noções de casualidade, descontinuidade e materialidade" nas origens das ideias históricas, como o faz Foucault, porque considero seu modo e seus meios de abordagem inconscientemente metafóricos. Ocorre uma transferência ou metáfora quando lemos J, Shakespeare ou Freud, da mesma forma como ocorriam transferências semelhantes quando nossos antepassados liam esses escritores. Essas transferências, de nossa parte, ecoam ou repetem transferências anteriores, e o que se transfere é nosso amor pela autoridade, nossa vontade de sermos engrandecidos pela autoridade de que investimos o Javista, Shakespeare ou Freud. O próprio Freud, em seus últimos trabalhos, descreveu tal investidura como a assimilação do superego ao id, dizendo que "algumas das aquisições culturais indubitavelmente deixaram certo resíduo no id; grande parte da contribuição do superego provocará um eco no id". É nesse contexto que Freud cita uma passagem da primeira parte do *Fausto* de Goethe: "O que herdaste de teus pais, luta para torná-lo teu".

Quais são as consequências críticas dessa noção de facticidade? Como ela pode ser diferenciada do simples truísmo de que o javista influencia, em última análise, as ideias que temos de Deus, enquanto Shakespeare molda nossa percepção da personalidade humana e do modo como se pode representá-la, e Freud inspira nosso mapa predominante da mente? E, ainda que não seja ela apenas um truísmo, de que nos serve essa noção? Tem ela consequências pragmáticas? É uma diferença que faz diferença, ou, em todo caso, muita diferença? Eu não passo de um pragmatista crítico e, desse modo, proponho uma noção funcional de facticidade, de modo a dar conta de uma surpresa em minha própria experiência como leitor. Desde a infância, tenho lido a Bíblia hebraica, porém só em anos mais recentes o tenho feito com certo senso da erudição moderna, incluindo suas divisões intricadas, sugestivas, mas necessariamente especulativas, entre as prováveis (embora hipotéticas) partes que a integram, as quais os redatores combinaram nas narrativas do

Gênesis, do Êxodo, dos Números. Uma impressão crescente de que há incidentes, passos e sequências nessas histórias que divergem do tom predominante fixado pelos redatores dificilmente poderia escapar a qualquer um que leia seguidamente a Bíblia hebraica. Entretanto, tal impressão tende a ser reprimida, o que é menos uma opinião sobre leitores, até mesmo os mais qualificados e sensíveis, do que um tributo à capacidade revisionária dos redatores normativos. Como exemplo, lembro uma preleção pública sobre gnosticismo que fiz há alguns anos, durante a qual me referi à satisfação que muitos gnósticos encontravam no surpreendente episódio em que Iahweh tenta dar cabo de Moisés. Depois da preleção, recebi vários bilhetes solicitando que eu citasse a passagem, bilhetes enviados por leitores autênticos e avançados. Sem dúvida eles tinham lido aquele trecho extraordinário no Êxodo, porém passaram direto por ele, evitando-o para defender-se do inexplicável, provavelmente de modo inconsciente.

Quando se percebe que todas as passagens mais estranhas e originais são do escritor J, compreende-se a anomalia que esse autor inaugural, o "Homero hebraico", constitui, com respeito à própria tradição fundada em torno dele. Digo "todas" porque embora a história da *Akedah*, em que Deus ordena a Abraão que sacrifique Isaac, não apresente nenhum traço estilístico de J, ela é, de uma perspectiva literária, claramente uma versão de J expurgada pelo autor ou escola eloísta. Muito pouco da alta qualidade literária presente no Gênesis, no Êxodo e em Números pertence a outro autor que não J, sendo a única grande exceção o relato sacerdotal da Criação com que principia o Gênesis. Que devemos fazer de textos baseados em um grande original, mas que buscaram absorvê-lo numa Escritura final, muito diferente de seu espírito e seus procedimentos? O fato de que tanto de J tenha permanecido e inclua tanto de idiossincrásico indicaria uma autoridade grande demais para ser totalmente invalidada por técnicas de exclusão em vez de técnicas revisionárias. O que acontece, porém, à nossa capacidade de ler o que podemos continuar a reconhecer como sendo de J?

19

Recorro à minha própria experiência de ler J, primeiro no contexto dos redatores e, mais recentemente, em toda a força que lhe é peculiar, que resistiu e resiste a todo revisionismo. Os redatores de J, em particular os autores sacerdotais, nunca teriam asseverado que seus textos heterogêneos representavam uma efetivação dos textos de J, mas, antes, que haviam levado a obra de seu precursor para mais perto da verdade. Pela época da Restauração, os escribas normativos que seguiram Esdras provavelmente teriam dito que todas as revisões do material recebido eram restaurações do texto mosaico legítimo. Decerto, da Restauração até hoje, a tradição principal do judaísmo consolidou esse mito de uma autoria originária, ao mesmo tempo em que continuava a se basear na autoridade definitiva do insólito J, que pode ter escrito há 3 mil anos. Nenhum tipo de facticidade ocidental foi tão duradouro, nem tão fecundo em outras facticidades fortes. Shakespeare absorveu Marlowe, porém não podemos dizer que tenha absorvido a Bíblia inglesa, nem que em Freud subsequentemente estejam em absoluto compreendidos Shakespeare ou a Bíblia. Ninguém adapta a Bíblia, ou Shakespeare, à sua própria ficção do modo como Lacan adaptou Freud à sua (com êxito bem mais insignificante do que muitos acreditam).

Dar a forma pela modelagem, criar uma ficção, é moldar Adão da *adamah*, do barro vermelho. Adão não é falseado; ele é fictício, não factício. No entanto, o insólito tropo de J dessa modelação tornou-se outra facticidade para nós. A leitura acurada haveria de recuperar o tropo: e, apesar disso, poderia qualquer um de nós evitar tomá-lo ao pé da letra?

No tempo em que não existia ainda sobre a terra nenhum arbusto do campo, e nenhuma erva do campo ainda havia brotado, porque Iahweh não enviara chuva sobre a terra, nem havia homem que amanhasse o solo, porém do chão jorrava um fluxo e regava toda superfície da terra, Iahweh moldou Adão do pó da terra (*adamah*), e insuflou-lhe nas narinas o hálito da vida, e Adão tornou-se um ser vivo.

Tanto quanto sabemos, eis o modo como J principiou, por esse ponto de partida, o qual a tudo salvaria se sua vida enquanto tropo pudesse perdurar até nós. Do modo como o leio, J é o mais irônico dos escritores, com uma ironia singular, que resulta sempre dos embates não resolvidos de realidades totalmente incomensuráveis. Quais são as ironias que aqui tomamos ao pé da letra? Ou será que a ironia, em J, é nossa relutante percepção de sua originalidade, ainda não passível de assimilação? Compare-se sua modelação de Adão com aquilo que poderia ter encontrado em precursores — a quem, todavia, rejeitava como tais, contrapondo sua prosa aos versículos mitológicos da autoria deles. Mas além da comparação está sua decisão de começar pela áspera primavera judaica. Nenhum arbusto, nenhuma erva, mas há um fluxo a jorrar do solo, irrigando o pó da terra, um jorro que provavelmente se deve à vontade de Iahweh, ou, deveríamos dizer, que *é* a vontade de Iahweh. Esse jorro é o prelúdio a Adão, e o calembur ou a assonância estranhamente característica de J, sua falsa etimologia de Adão a partir de *adamah*, espirituosamente tira proveito, para sua coerência, da travessura do infantil Iahweh. Com um pouco de barro úmido, ele modela uma imagem, porém o modelo, em si mesmo, teria sido uma fraude, um ídolo, e não uma ficção, se não fosse pelo espírito insuflado em nossas narinas. Adão é uma fraude até que o próprio sopro de Iahweh faça dele um ser vivo. Quantas ironias devemos ler nessa ficção vitalizante?

De que outro modo J poderia ter começado? Existe a colheita cosmológica do Gênesis 1, redigido pelo escritor S muitas centenas de anos depois, e totalmente antitético a J em tom e em visão. O Deus do escritor sacerdotal já é quase o Deus do *Paraíso perdido*, mas o Iahweh de J não é nenhum mestre-escola de almas. O Iahweh de J principia por exercitar a própria liberdade, e a postura assumida por sua liberdade é transmitida por sua escolha da *adamah* como instrumento. Pois o que era Adão, o que éramos nós, quando a imagem ainda não havia sido insuflada, quando o barro úmido ainda não continha o sopro de Iahweh a viver dentro dele? O primeiro transgressor do segundo mandamento foi o próprio Iahweh, pois não diz o mandamento: "Não ouses ser por demais parecido comigo"? Mas a ironia aqui é inevitável, porquanto Iahweh moldou Adão à sua própria imagem, modelação que diz implicitamente "Sê como eu próprio" e, então, acrescenta: "Respire com meu alento". O próprio Iahweh vagueia aqui entre a verdade e o sentido.

Poesia e crença, da maneira como as entendo, são modos antitéticos de conhecimento, mas ambas partilham da peculiaridade de suceder *entre* a verdade e o sentido, ao mesmo tempo que se encontram de algum modo apartadas tanto da verdade quanto do sentido. O sentido começa, ou advém, apenas por via de um excesso, de um transbordamento ou emanação, a que chamamos originalidade. Sem tal excesso, até mesmo a poesia, para não mencionar a crença, não passa de um modo de repetição, independentemente de quão mais elevado seja o tom. O mesmo dá-se com a profecia, seja o que for que entendamos por ela.

A palavra hebraica *nabi* parece ter significado "arauto", de maneira que suponho devamos falar de "os arautos" em vez de "os profetas", porém ninguém entre nós optará por fazer isso, já que estamos profundamente envolvidos com as implicações presentes em "profetas" e em "profecia". Nós os chamamos "profetas" porque a Bíblia dos Setenta traduziu *nabi* pela palavra grega *prophétes*, que significa "intérprete". Acho que "intérprete" é melhor do que "arauto", mas estamos presos à palavra "profeta", a despeito de seu sentido em parte irrelevante de pressagiar, de predizer um futuro inalterável. Se continuarmos assim, acabaremos assim, como disse Blake. Um intérprete deve ser um vidente, não um déspota arbitrário.

Jeremias sem dúvida foi um vidente, mas também trazia dentro de si algo do déspota arbitrário. Foi grande poeta, mas também uma personalidade bastante desagradável, e, desde criança, antipatizei tanto com ele quanto com seu livro. Apesar disso, em um sentido fundamental, o da originalidade, ele é quem mais se aproxima de J na Bíblia hebraica, e também é o principal elo entre J e o Livro de Jó, que foi muito influenciado pelo Livro de Jeremias, composto por Baruc. Este livro é tudo menos uma unidade literária. Seus 25 capítulos iniciais são uma antologia dos oráculos poéticos de Jeremias, provavelmente reunidos por Baruc, seu paciente escriba, enquanto estava no exílio egípcio por volta de 580 antes da era comum. Em seguida, há duas sequências de capítulos (26-9, 36-44) escritas por Baruc, e todo o restante parece ser obra do editor ou do autor deuteronomista. Os seis primeiros capítulos da abertura ocorrem cerca de 625 antes da era comum, o início da carreira horrenda de Jeremias, enquanto os capítulos 7-25 nos parecem transportar de cerca de 609 para 598 antes da era comum.

Sabemos que Jeremias provinha de uma família com importantes conexões junto à autoridade política e religiosa no reinado de Josias, o Rei, mas sou da opinião de que a extraordinária psique de Jeremias é mais interessante do que sua orientação político-espiritual — embora, sem dúvida, ambas estivessem estreitamente relacionadas. Jeremias só raramente tinha visões; talvez sua intimidade com Iahweh fosse grande demais para que tivesse necessidade de ver. Diz ele: "O Verbo-Deus fez-se para mim", querendo dizer, evidentemente, que suas profecias ou interpretações poéticas ocorriam-lhe quando era possuído por Iahweh, como no estado de êxtase narrado em 4:19-21.

> *Ó meu sofrimento, meu sofrimento!*
> *Como me contorço!*
> *Ó as paredes do meu coração!*
> *Meu coração lamenta dentro de mim,*
> *Não posso ficar em silêncio;*
> *Pois ouço o clangor das trombetas,*
> *Os alarmes da guerra.*
> *Desastres sobre desastres,*
> *Pois toda a terra foi devastada.*
> *Súbito minhas tendas foram devastadas.*

Num instante, meus pavilhões.
Até quando deverei ver os estandartes
*E ouvir o clangor das trombetas?**

O que aqui é traduzido por "meu sofrimento", na versão da Jewish Publication Society, é literalmente "minhas entranhas", e "Pois ouço o clangor das trombetas" parece significar literalmente "tu, meu ser, ouves". Essa separação de seu próprio ser, quer em transe quer fora dele, é característica de Jeremias, como também é essa dor nas entranhas. John Bright, na Bíblia da Anchor, faz com que as vísceras proféticas se contorçam, mas traduz a consciência dividida do ser interior de Jeremias pela expressão um tanto opaca "Ó minha alma". O alheamento em face do próprio ser e dos outros, incluindo muitos dos que no início o apoiam, é uma característica pessoal de Jeremias, porém, fosse eu, então, contemporâneo seu, também teria me alheado dele. Ele era um derrotista, com algo de *quisling*, uma personalidade perturbada (o que é uma grande lítotes quando se lhe aplica a expressão), e era um tanto sadomasoquista, sobretudo quando se tratava da destruição de Jerusalém. Embora em seu chamado profético inicial Jeremias represente a si próprio como uma figura mosaica e, portanto, como um intercessor e mediador, ele nos diz várias vezes que Iahweh o proibiu de interceder, e crê que a queda de Jerusalém não poderia ter sido impedida por nenhum mediador. A Babilônia ocupou Jerusalém no ano 597 antes da era comum; a cidade rebelou-se em 586, foi destruída, e sua classe social superior forçada ao exílio. Contra esse horrível pano de fundo, Jeremias lança mão de uma postura retórica inusitada, que também podemos chamar de psicossexual e cosmológica, pois a retórica, a psicologia e a

* Oh, my suffering, my suffering!/ How I writhe!/ Oh, the walls of my heart!/ My heart moans within me,/ I cannot be silent;/ For I hear the blare of horns,/ Alarms of war./ Disaster overtakes disaster,/ For all the land has been ravaged./ In a moment, my tent cloths./ How long must I see standards/ And hear the blare of horns?

cosmologia são tão indissociáveis para Jeremias quanto para Heráclito e Empédocles.

Começando no capítulo 2, os oráculos de Jeremias dão grande ênfase ao tropo de Jerusalém como a noiva infiel de Iahweh, sua primeira mulher, por assim dizer, a ser substituída por Jeremias, mais confiável, como segunda noiva. Pretendo examinar esse tropo mais detidamente a seguir, mas só depois de deitar os olhos na passagem mais extravagante e memorável desse extravagante e memorável intérprete de Iahweh, do sétimo versículo do capítulo 20 em diante. Aqui, o hebraico precisa ser lido de maneira muito lenta e minuciosa, porque Jeremias acusa Iahweh de violência sexual para consigo, acusação por demais séria e original para ser posta de lado com tanta tranquilidade quanto muitos desejariam. Bright traduz o sétimo versículo assim:

> *Seduziste-me, Iahweh, e eu me deixei seduzir;*
> *Aprisionaste-me e sobrepujaste-me.*
> *Tornei-me motivo de pilhéria durante todo o dia,*
> *Todos fazem troça de mim.**

A versão do rei Jaime, muito mais bem escrita, é mais ambígua:

> *Ó Senhor, tu me enganaste, e eu fui enganado: tu és mais forte do que eu, e predominaste: sou objeto de irrisão diária, todos mofam de mim.***

A versão da Jewish Publication Society, de certo modo menos ambígua, de outro, desvia-se:

---

* You seduced me, Yahweh, and I let you;/ You seized and overcame me./ I've become a day long joke,/ They all make fun of me.

** O Lord, thou hast deceived me, and I was deceived: thou art stronger than I, and hast prevailed: I am in derision daily, everyone mocketh me.]

Tu me induziste, Ó Senhor, e eu fui induzido;
Tornei-me objeto de constante ridículo,
Todos caçoam de mim.*

Considero este um dos versículos mais importantes em Jeremias. W. Rudolph, em *Jeremia* (1947), e A. J. Heschel, em *The prophets* (1962), são aqui precursores meus, como o é Bright em seu comentário bastante circunspecto na Bíblia da Anchor. Os verbos cruciais são *patah* e *chasack*. Em Êxodo 22:16, *patah* refere-se à sedução de "uma virgem que não ficou noiva", antes das núpcias ou sem elas. Em Deuteronômio 22:15, *chasack* refere-se à violência sexual e, em outra passagem, à violação adúltera. Portanto, eu traduziria Jeremias 20:7 como:

Iahweh, tu me seduziste ilicitamente, e eu consenti em ser seduzido; violentaste-me, e foste por demais forte para que triunfasse a minha resistência. Por todo o dia, tornei-me objeto de irrisão, todos caçoam de mim.**

Esse é um tropo tão extraordinário, e uma blasfêmia tão assombrosa, que me pergunto sempre por que não há mais que comentários perfunctórios sobre ele. Enquanto retórica de choque, ombreia com a história em que J relata a tentativa imotivada, por parte de Iahweh, de assassinar Moisés (Êxodo 4:24-5). Porém, o tom empregado por J, ali como em outras passagens, é insólito, como se diz. A postura retórica de Jeremias só tem em comum com a atitude de J o choque da originalidade. A ira e a dor com que fala Iahweh, por intermédio de Jeremias ou então ao confrontar o profeta, nada têm a ver com o Iahweh de J. *Podemos* prefigurar o Iahweh de J como estando em extrema

---

* You enticed me, O Lord, and I was enticed;/ I have become a constant laughingstock,/ Everyone jeers at me.

** Yahweh, you seduced me unlawfully, and I consented to being seduced; you raped me, and you were too strong for my resistance to prevail. All day long I have become an object of derision, everyone mocks me.

angústia? O Iahweh de Jeremias clama seu desespero, seu sentimento de ter sido abandonado e esquecido por sua cidade e por seu povo. Não pode ser acidental que Jeremias dê singular relevância à fúria e à destrutividade de Iahweh, visto que as tendências antitéticas do abandono desesperançado e do ódio assassino assinalam os polos do colapso pessoal do próprio profeta. Não desposado, a não ser por Iahweh, Jeremias exclama ter sido sobredeterminado desde antes de ser gerado no ventre, tendo sido consagrado intérprete de Iahweh antes mesmo de nascer. O *pathos* espantoso do protesto inicial de Jeremias, de que ele não sabe se exprimir por ser ainda muito jovem, é rejeitado por Iahweh, como se Jeremias não necessitasse de infância. Tudo o que caracteriza esse que é o mais original dos arautos — a cisão de si mesmo, o crescente desejo do dia do desastre, a culpa pela traição ao princípio de independência do seu povo — é consoante tanto com a apresentação que faz de si mesmo, quanto com os retratos facciosos que Baruc e provavelmente outros fornecem dele.

A hipersensibilidade de um *nabi* ridicularizado sob o nome de sua constante profecia (O Terror-em-Toda-Parte) alia-se a esses atributos não para explicar, mas para tornar ainda mais enigmática sua blasfêmia psicossexual contra Iahweh. Podemos supor que o significado político de seu tropo escandaloso era bastante claro para seus contemporâneos. Prometido a Iahweh a fim de substituir a Jerusalém prostituta, Jeremias desaprova a luxúria de Iahweh, o impulso do noivo cobiçoso, incapaz de esperar pelas núpcias. A ousadia dessa similitude traz em si o desafio de Jeremias à opinião pública, o qual, não obstante, o leva ao colapso. Diferentemente de Isaías, que reage com tanta avidez ao chamado, desde o início Jeremias considera-se oprimido. O mesmo modelo inspira a ambos, consagrados no ventre e vítimas da lascívia pré-nupcial de Iahweh. Esse arauto ou intérprete quer que seus contemporâneos e a posteridade encarem toda a sua existência como sendo humanamente impremeditada. Essa postura retórica explica o uso singular e corrente que Jeremias faz de um tropo dualista do fogo, exterior e interior, e sua inauguração de um dualismo maior, que se tornará tanto o dualismo normativo judeu como o freudiano, da interioridade contra a exterioridade — concepção desconhecida por aquele que foi o maior e o mais irônico dos monistas, o escritor J.

Heschel faz distinção entre o uso do fogo na linguagem de Jeremias como uma sinédoque para a destruição e para a cólera. Estas duas me parecem tropos da exterioridade: "Punir-te-ei em conformidade com os teus atos", declara Iahweh; "Haverá de consumir tudo o que estiver à volta" (21:14). Bem diferentes são as imagens de um fogo interior, como na consequência imediata da acusação de violação que o profeta levanta contra Iahweh (20:8-16), na versão da JPS:

> *Pois sempre que falo, devo gritar,*
> *Devo bradar: "Desordem e pilhagem!"*
> *Porque a palavra do Senhor*
> *Causa-me constante desgraça e desonra.*
> *Pensei: "Não O mencionarei,*
> *Não mais falarei em Seu nome" —*
> *Mas Sua palavra era como um fogo devorador em meu coração,*
> *Encerrado em meus ossos;*
> *Não pude suportá-lo; fui incapaz.**

A cólera e a destrutividade, ainda que de Iahweh, pertencem à exterioridade, e, para Jeremias, todas as coisas externas são iníquas. O Iahweh-Verbo é um fogo interno, apesar de devorador, como o são o Iahweh-Ato e o Iahweh-Coisa, pois o verbo, o ato e a coisa estão reunidos no termo hebraico para "palavra". O fogo interior é conforme com a predestinação

---

* For every time I speak, I must cry out,/ Must shout, "Lawlessness and rapine!"/ For the word of the Lord causes me/ Constant disgrace and contempt./ I thought, "I will not mention Him,/ No more will I speak in His name" —/ But His word was like a raging fire in my heart/ Shut up in my bones,/ I could not hold it in, I was helpless.

profética desde antes do nascimento, e também o é com o noivado realizado com Iahweh, embora não o seja com sua lascívia impaciente, que faz parte da exterioridade. Um dualismo que ainda nos acompanha, o dos "conceitos limítrofes" de Freud (o ego corpóreo, a pulsão, as defesas não repressivas da introjeção e da projeção) — não um dualismo do corpo e da alma, ou do corpo e da mente —, inaugura-se na magnífica ruptura de Jeremias, sua proclamação de um relacionamento novo e redimido de Israel com Iahweh. É fundamental observar que Jeremias não proclama uma nova Lei, nem um ser interior em desenvolvimento, muito menos uma Lei mais interna. Em vez disso, o que ele interpreta é uma nova oposição entre interioridade e exterioridade. Sirvo-me, aqui, da versão do rei Jaime de 31:33, porque a eloquência dessa passagem está à altura do hebraico:

> *Porém será esta a aliança que farei com a casa de Israel: Depois desses dias, disse o Senhor, eu porei a minha lei em suas partes interiores, e gravá-la-ei em seus corações: e serei o seu Deus, e eles serão o meu povo.**

"Partes interiores", na língua hebraica, poderia ser mais bem traduzido por "ser mais íntimo", ou, de maneira mais simples, "dentro deles". O que importa é a ênfase que Jeremias, aqui e em outras passagens, dá à injustiça da exterioridade e à redenção potencial de nossa interioridade. Isso faz com que tornemos ao que foi mais consistente nesse feroz arauto de si mesmo, à sua extraordinária equiparação de passividade sexual, eleição profética e a virtude terrena da derrota. O próprio Jeremias é tão inexaurível para a meditação quanto seu filho legítimo, Nietzsche; quero, porém, encerrar com ele voltando nossas considerações não a esse veemente monumento de *pathos*, mas a seu Iahweh. Vimos que o Iahweh do Javista é imensamente distinto

---

* But this shall be the covenant that I will make with the house of Israel: After those days, saith the Lord, I will put my law in their inward parts, and write in their hearts: and I will be their God, and they shall be my people.

do Iahweh da tradição normativa, judaica ou cristã. Em que medida a exterioridade do Iahweh normativo teria sido inventada por Jeremias, não apenas para si mesmo, mas também para nós? Martin Buber, que encontrou a si próprio em Jeremias, vê precisamente o que proclamou esse intérprete carregado de *pathos*, um Iahweh mais misterioso, que se torna ainda mais incompreensível com a sucessão de catástrofes: "Sua crescente incompreensibilidade é atenuada e até mesmo compensada por Sua transformação no Deus dos sofredores e pela transformação do sofrimento em via de acesso a Ele, como já é evidente na vida de Jeremias, em que o caminho do martírio conduz a um companheirismo sempre mais puro e mais profundo com Iahweh". Alguns cristãos verão nisso o princípio do Iahweh de Jesus; eu vejo o Iahweh de Jó. O que não vejo é, por assim dizer, o Iahweh original do Javista, pois o Deus de J não era o Deus dos sofredores.

O poeta de Jó emula um precursor vigoroso, o admirável profeta Jeremias. Embora o Livro de Jó seja menos chocante, em termos retóricos e dialéticos, do que o Livro de Jeremias, ele permanece profundamente perturbador. Como o *Rei Lear*, claramente influenciado por ele, o Livro de Jó chega aos limites da literatura, e talvez os transcenda. Lear desesperadamente implora paciência, a fim de não enlouquecer, e até mesmo declara "Não; serei o modelo de toda paciência,/ não direi nada" [No, I will be the pattern of all patience, / I will say nothing], como se fosse um segundo Jó. Na cena mais importante da peça (IV, 6), talvez a melhor em Shakespeare ou na literatura, Lear aconselha Gloucester a unir-se a ele na força moral característica de Jó:

> *Se pretendes chorar minha desventura, toma meus olhos.*
> *Conheço-te muito bem; teu nome é Gloucester.*
> *Deves ter paciência; chorando chegamos aqui.*

Bem sabes; a primeira vez que respiramos o ar
Vagimos e berramos... *

O paciente Jó é, na verdade, quase tão paciente quanto Lear. Ha-satã, o antagonista, é provocador o bastante, mas aqueles que consolam Jó são ainda piores. William Blake escreveu com amargura que, "no Livro de Jó, o Messias de Milton é chamado Satã", e, obviamente, os amigos detestáveis de Jó são o que *The marriage of heaven and hell* [O matrimônio do céu e do inferno] chama de "Anjos", ou oportunistas devotos, próprios para tornarem-se funcionários subalternos do tribunal ou do castelo de Kafka. Apesar de conscienciosas maquinações, tais como o epílogo absurdo, o Livro de Jó não é obra de um oportunista ou de um santo iludido consigo próprio. Seus melhores expositores continuam sendo dois protestantes ferrenhos: Calvino e Kierkegaard.

De Calvino, tomo sua acurada percepção de que Jó não condena a Deus, de que não o acusa de ser "um tirano ou um leviano". De Kierkegaard, sua compreensão de que não é nem o Beemot nem o Leviatã que faz com que Jó caia gradativamente quando Deus vem afinal confrontar o sofredor, dirigindo-se a ele de dentro do redemoinho. Martin Buber observa com perspicácia que "Jó não pode renunciar nem a sua própria verdade nem a Deus". Protestando o incomensurável, sofrendo muito mais do que justificava o pecado, a única resposta que Jó obtém de Deus vem em termos do incomensurável. O poeta de Jó volta-se mais para Jeremias do que para o escritor J, cujo Iahweh é insólito, porém de um modo diferente do Iahweh de Jeremias. Somos feitos à semelhança de Iahweh, e somos solicitados a ser como ele, porém não devemos nos atrever a ser demasiado semelhantes a ele. Ele pode ser contestado, como quando Abraão o questiona ao longo do caminho na estrada que leva a Sodoma, porém também ele está sujeito a extravagâncias peculiares, co-

---

* If thou wilt weep my fortunes, take my eyes./ I know thee well enough, thy name is Gloucester./ Thou must be patient, we came crying hither./ Thou know'st, the first time that we smell the air/ We wawl and cry...

mo ao tentar dar cabo do pobre Moisés no início da ingrata missão do profeta, ou, alternativamente, ao induzir e admoestar o povo no Sinai. Seus caprichos chegam ao máximo quando violenta Jeremias. Tenho para mim que Jó reconhece a realidade da extraordinária personalidade de Iahweh depois que a voz saída do redemoinho conclui sua mensagem, um reconhecimento que é a resolução do livro.

Parece-me claro que o Livro de Jó não é uma teodiceia, uma justificativa para o homem dos caminhos de Deus, como Milton define o gênero em sua sublime teodiceia, *Paraíso perdido*. A voz saída do redemoinho não busca justificar coisa nenhuma. Em vez disso, dotada de exuberância máxima, ela bombardeia Jó com uma sequência enorme de perguntas retóricas, que alcançam sua culminância na visão do Leviatã (41:1-7, versão do rei Jaime):

> *Podes tu fisgar Leviatã com um anzol? Ou sua língua com uma*
> *[corda que lançasses?*
> *Podes pôr-lhe um junco na venta? Ou furar-lhe as mandíbulas*
> *[com um aguilhão?*
> *Ele fará a ti muitos rogos, ou dir-te-á palavras ternas?*
> *Fará uma aliança contigo, farás dele teu servo para sempre?*
> *Com ele brincarás como com um pássaro? Ou amarrá-lo-ás para*
> *[as tuas filhas?*
> *Os companheiros farão dele um banquete? Ou dividi-lo-ão entre*
> *[os mercadores?*
> *Podes crivar-lhe a pele de dardos, ou fincar lhe na cabeça arpões*
> *[de pesca?**

---

* Canst thou draw out leviathan with an hook? or his tongue with a cord which thou lettest down?/ Canst thou put an hook into his nose? or bore his jaw through with a thorn?/ Will he make many supplications unto thee? will he speak soft words unto thee?/ Will he make a covenant with thee? wilt thou take him for a servant for ever?/ Wilt thou play with him as with a bird? or wilt thou bind him for thy maidens?/ Shall the companions make a banquet of him? shall they part him among the merchants?/ Canst thou fill his skin with barbed irons? or his head with fish spears?

A resposta de Ahab em *Moby Dick* foi uma afirmação feroz, ao terminar sua vida com o protesto: "*Assim*, eu entrego o arpão!", enterrando-o, debalde, na carne santificada da Baleia Branca. Jó não é Ahab, nem um vidente apocalíptico. Mas é difícil não preferir Ahab a Jó, quando Deus escarnece de nós com semelhante ironia maliciosa: "Fará uma aliança contigo?". Na profecia cabalista, os companheiros fazem um banquete do Leviatã quando o Messias chega, porém Jó não é cabalista. O Livro de Jó é o adversário forte, implícito, daquela doutrina tardia, o gnosticismo, e nada poderia estar mais distante de Jó do que a doutrina luriana do estilhaçamento dos vasos primordiais da Criação.

Defrontado pelo Leviatã, Jó declara que carecera de conhecimento: "Por isso declarei que não as compreendia; coisas por demais maravilhosas para mim, que eu ignorava". O texto hebraico não diz "coisas por demais maravilhosas para mim", mas "coisas além de mim". Deparando com a sublimidade de Iahweh, Jó compreende sua própria tradição, a de que o sábio tem de elevar-se ao *agon*, como o fizeram Abraão e Jacó, e agir de modo pragmático como se fosse tudo em si mesmo, sem nunca esquecer que, com relação a Iahweh, não é nada em si mesmo. Contudo, prefiro a ironia refutatória de Calvino: "Deus teria de criar novos mundos, se Ele quisesse nos satisfazer"; ou a ironia de Kierkegaard, mais complexa: "Fixe o olhar em Jó; mesmo que ele o aterrorize, não é isso o que ele deseja, se você mesmo não o desejar". Não nos podemos satisfazer, porque Iahweh não criará mais novos mundos, e precisamos ser aterrorizados por Jó, ainda que ele não nos deseje aterrorizar. Os limites do desejo são também os limites da literatura. Kierkegaard é singularmente perceptivo, não é a Criação, mas o Criador, que sobrepuja Jó. Os desejos que temos do bem não são incomensuráveis com o bem, mas com o Criador do bem. Shelley, nos termos do gnosticismo, afirmou que o bem e seus meios eram irreconciliáveis. Jó, nos termos de Jeremias, aceitou ser eleito pela adversidade, ter sido escolhido por Iahweh, Deus dos sofredores.

Depois de três escritores J — isto é, o grande original J, Jeremias e o autor de Jó —, concluo com uma breve coda sobre um quarto escritor J, o autor do bem-humorado e tardio Livro de Jonas. Esse curioso e pequeno livro provavelmente foi divulgado no século IV antes da era comum, e nada tem de semelhante aos livros dos profetas menos importantes, entre os quais é canonicamente incluído. A princípio, Jonas recusa-se a aceitar ser eleito pela adversidade, e foge para Joppe a fim de embarcar rumo a Társis, em vez de seguir para Nínive, e profetizar contra ela, conforme o desígnio de Iahweh. O pobre Jonas põe-se em fuga exatamente porque declina ser o Jeremias de Nínive. Provavelmente julga fugir ao Iahweh de Jeremias e de Jó, Deus dos sofredores. Após sua libertação do ventre do grande peixe, na segunda vez obedece às ordens, porém, para seu espanto e desalento, Nínive acata a advertência, arrepende-se e é salva, o que resulta em um Jonas extremamente descontente e muito revoltado.

Jonas me parece uma paródia deliberada de Jeremias, em lugar de Nínive, leia-se Jerusalém, e em lugar de Jonas, o colérico e sofrido Jeremias. O autor de Jonas, valendo-se sem dúvida de uma história tradicional, retorna ao Iahweh de J, benignamente insólito, um Iahweh com considerável ironia e acentuado senso de humor. William Tyndale, que definiu a postura e o estilo ainda presentes no Pentateuco da versão do rei Jaime, também traduziu Jonas, e sua ênfase recai no humor do original, transmitido com esmero: "Fazes bem em te irritares?", diz Iahweh a essa malograda paródia de Jeremias, que lamenta a falta de destruição, é protegido do sol por uma mamoneira e de novo desespera quando esta seca (4:7-11):

Porém preparou Deus um verme ao romper da manhã, no dia seguinte, e ele atacou a mamoneira, e esta secou.
Quando o sol se levantou, sucedeu que Deus preparou um vento forte do Oriente; e o sol bateu na cabeça de Jonas, e ele, desfalecido, desejou em si mesmo a morte, e disse: "É melhor para mim morrer do que viver".

E Deus disse a Jonas: "Fazes bem em te aborrecer pela mamoneira?". E Jonas respondeu: "Faço bem em aborrecer-me, mesmo que seja até a morte".

Disse então o Senhor: "Tens compaixão da mamoneira, pela qual não labutaste, nem a fizeste crescer; que surgiu numa noite e numa noite desapareceu.

"E não deveria eu poupar Nínive, a grande cidade, onde há mais de 120 mil pessoas que não sabem distinguir entre sua mão direita e sua mão esquerda; e também grande quantidade de gado?".*

Arrependidos, os gentios de Nínive não distinguem a mão direita da esquerda, e o gado ("animais", no original) não é mais responsável pelos atos e costumes do que o são os bebês. De novo ouvimos o Iahweh de J, desmedido porém judiciosamente benigno, insólito no entanto familiar, ao reprovar com ironia esse suposto Jeremias. Quão sensíveis foram os rabinos normativos, ao prescrever que leiamos o Livro de Jonas na tarde do Dia da Expiação, quando expiamos todos os pecados cometidos contra Iahweh, porém nenhum contra outros homens e mulheres, distinção que, afinal de contas, está mais para o espírito de J do que para o de Jeremias.

---

*But God prepared a worm when the morning rose the next day, and it smote the gourd that it withered. / And it came to pass, when the sun did arise, that God prepared a vehement east wind; and the sun beat upon the head of Jonah, that he fainted, and wished in himself to die, and said, It is better for me to die than to live. / And God said to Jonah, Doest thou well to be angry for the gourd? And he said, I do well to be angry, even unto death. / Then said the Lord, Thou hast had pity on the gourd, for the which thou hast not laboured, neither madest it grow; which came up in a night, and perished in a night: / And should not I spare Nineveh, that great city, wherein are more than sixscore thousand persons that cannot discern between their right and their left hand; and also much cattle?

2. DE HOMERO A DANTE

COM FREQUÊNCIA NOS ESQUECEMOS de um dos motivos pelos quais a Bíblia hebraica nos é tão difícil: nosso único modo de pensar vem dos antigos gregos, não dos hebreus. Nenhum estudioso foi capaz de realizar uma comparação convincente do pensamento grego e da psicologia hebraica, no mínimo porque os dois modos parecem irreconciliáveis. As tentativas de explicar essa oposição com base na linguística fracassaram, assim como deve fracassar o redutivismo quando se contrastam duas concepções de vida tão antitéticas. Nietzsche continua a ser o melhor guia que conheço para o confronto das culturas grega e hebraica. Em *Assim falou Zarathustra*, ele atribui a grandeza dos gregos à máxima "Deverás ser sempre o primeiro e superar todos os outros: tua alma ciumenta não deverá amar ninguém, a não ser que seja o amigo". Decerto, isso descreve Aquiles na *Ilíada*. A isso, Nietzsche contrapõe a máxima que, segundo ele, os hebreus penduravam como um lema da superação: "Honrar pai e mãe e seguir-lhes a vontade até o fundo da alma". Presumo que Nietzsche tencionasse com isso descrever o Jesus dos Evangelhos, o filho de Iahweh e da Virgem Maria. Pretendo comparar os deuses de Homero ao Iahweh de J, porém, em vez de contrastar Aquiles e Jesus, serei mais cauteloso do que Nietzsche e compararei o herói da *Ilíada* com o Davi do II Samuel, escrito por um importante contemporâneo do escritor J, e também com o José de J, pois desconfio que o José de J seja um retrato do Davi histórico, elaborado em amigável concorrência com a representação de Davi em II Samuel. A ênfase de Nietzsche no espírito agonístico dos gregos provavelmente originou-se da perspicácia do seu colega Jakob Burckhardt, mas Nietzsche, caracteristicamente, pôs-se a pensar de forma mais perseverante do que optara por fazer o sutilmente evasivo Burckhardt. Na "Disputa de Homero", um fragmento de 1872, Nietzsche aborda diretamente o problema do *agon* grego:

> Quanto maior e mais sublime for um grego, mais luminosa é a chama da ambição que dele refulge, consumindo a quantos seguem pelo mesmo caminho. Certa vez Aristóteles compilou uma lista dessas competições hostis em grande estilo; o mais surpreendente dos exemplos é o de que até mesmo um morto pode despertar num vivo uma inveja destruidora. Esta é a maneira pela qual Aristóteles descreve o relacionamento de Xenófanes de Cólofon com Homero. Não compreendemos toda a força do ataque de Xenófanes contra o herói nacional da poesia a menos que — como mais tarde se dará novamente com Platão — consideremos que nas bases desse ataque esteja um desejo avassalador de ocupar o lugar do poeta deposto e herdar-lhe a fama. Todo grande heleno passa adiante a tocha da disputa; toda grande virtude inflama uma nova grandeza...

Observemos a pronunciada consciência de Nietzsche quanto à hostilidade da competição e ao papel desempenhado pelo ciúme ou pela inveja produtiva. Três anos depois, na primeira metade dos fragmentos para a obra "Nós, os filólogos", Nietzsche torna aos perigos do *agon*:

> O elemento agonístico é também o perigo que há em todo desenvolvimento; ele estimula em excesso o impulso criador...
>
> O fato mais notável continua a ser sempre o Homero precocemente pan-helênico. Todas as boas coisas provêm dele; no entanto, a um só tempo, ele continua sendo, dentre todos, o mais poderoso obstáculo. Tornou superficiais a todos os outros, e eis por que os espíritos verdadeiramente sérios mediram forças com ele. Mas em vão. Homero sempre triunfou.

Aqui também se pode ver o elemento destrutivo nas grandes forças espirituais. Mas que diferença entre Homero e a Bíblia como tal força!

A essa altura, tal diferença é resolvida por Nietzsche em favor de Homero. Simone Weil, uma pensadora não muito nietzschiana, leu uma *Ilíada* muito diferente daquela lida por Nietzsche e preferiu essa *Ilíada* à Bíblia hebraica, enquanto descobria nos Evangelhos "a derradeira e magnífica expressão do gênio grego, assim como a *Ilíada* é a primeira". Esse juízo surpreendente, que termina por cristianizar a *Ilíada*, baseava-se na forte desleitura feita por Weil da *Ilíada* como "o poema da força", como, por exemplo, ao observar: "Sua amargura é a única justificável, pois resulta da sujeição do espírito humano à força, isto é, em última análise, à matéria". Não sou um estudioso dos clássicos, mas nunca encontrei uma representação do "espírito humano" na Ilíada. O "espírito humano", na concepção de Weil, remete, em última análise, à característica imagem conceitual do *ruach adonai*, o espírito ou o sopro do Senhor, insuflado pelo Iahweh de J nas narinas da figura de Adão feita de barro. Nos termos de Homero, Weil deveria ter atribuído a justificável amargura de Aquiles e de Heitor à sujeição da força humana à força dos deuses e à força do destino. A *Ilíada* não vê os homens como espíritos aprisionados pela matéria; Homero não é são Paulo. Na *Ilíada*, os homens são forças que vivem, percebem e sentem; porém, a vitalidade, as percepções e as emoções não estão integradas. Sigo aqui a descrição de Bruno Snell da "Visão do homem em Homero", na qual Aquiles, Heitor e os outros guerreiros "consideram-se a si próprios um campo de batalha de forças arbitrárias e de poderes insólitos". Snell parece-me ainda o crítico mais esclarecedor que já li acerca da antiga literatura grega e, em particular, acerca da *Ilíada*, ainda mais quando posto ao lado de seus contemporâneos E. R. Dodds e Hermann Fränkel. Uma funda imersão nos atuais estudos homéricos mostrou-me que eles, na maioria das vezes, evitam, ou mesmo rejeitam, Snell, Dodds e Fränkel, provavelmente porque, em verdade, estes críticos tornam Homero muito mais difícil de interpretar do que qualquer outro método de leitura o fez. Cito Martin Mueller como representante característico dessa tendência:

> O prisma virgiliano não foi menos predominante na crítica de Homero do século XX. Se há um traço distintivo na crítica desse século, ele se acha talvez na arrogância ingênua com que ela reivindicou uma compreensão superior com base em percepções radicalmente novas da natureza da arte de Homero ou de sua visão do homem. Sobretudo os críticos especializados na transmissão oral são culpados por não conseguirem ver que seus preconceitos ideológicos têm em verdade uma longa história. Acusação algo semelhante pode ser feita contra os "antropólogos homéricos", tais como Hermann Fränkel, Bruno Snell, E. R. Dodds e, mais recentemente, A. W. H. Adkins. Nas obras desses estudiosos, uma visão hegeliana do desenvolvimento do espírito humano, embora esclarecedora quanto a muitos aspectos dos poemas homéricos, associou-se ao instinto territorial do estudioso para insistir na diferença de seu tema e demarcar-lhe de modo bem definido as fronteiras. O *Homo homericus* "reconstruído" pelos esforços deles é pouco mais do que uma versão erudita da ingenuidade homérica. Se Parry e Snell estão "mais próximos" da *Ilíada* do que Chapman ou Pope não é, de modo algum, uma questão ociosa. Não estou sugerindo, contudo, que o estudo da vida da *Ilíada* não passa de uma seleção entre o rebotalho das interpretações descartadas; ao contrário, a vida tem uma forma e uma direção que devem orientar nossa compreensão. Porém, a crítica não é uma arte progressiva.

"Antropólogos homéricos" não é má denominação para os melhores críticos de Homero, assim como temos a esperança de que surjam "antropólogos javistas" entre aqueles que estudam J.

39

George Chapman e Alexander Pope como poetas fortes, partícipes de um aspecto da *Ilíada* que Bruno Snell não abordou — porém, isso não altera minha leitura do mais forte poema do Ocidente de modo tão radical quanto Snell continua a fazer toda vez que o releio. Quanto a Hegel, não me lembro ser ele mencionado na obra-prima de Snell, *The discovery of the mind* [A descoberta da mente], 'e ali sua presença se me afigura muito menor do que a de Freud em *The Greeks and the irrational* [Os gregos e o irracional], de Dodds, ou a de Platão em *Early Greeks poetry and philosophy* [A poesia e filosofia grega dos primórdios], de Fränkel. Em certo sentido, acerca de Homero, Snell é insolitamente homérico, exatamente como Milman Parry o é em aspecto bem diverso. Entre estudiosos homéricos relativamente recentes, há um curioso temor de que Snell enfraqueça Homero de alguma maneira, ou torne a *Ilíada* em obra ingênua, porém esta é uma fraca desleitura de Snell e de sua escola.

A percepção central de Snell é a de que os primeiros gregos, tanto em linguagem quanto em visualização, não apreendiam o corpo humano como uma unidade, ou, como diria Freud, eles não sabiam que o ego é sempre um ego corpóreo. Conheciam a soma total dos seus membros, mas aquilo que chamamos de "corpo" é uma interpretação posterior do que inicialmente se entendeu como sendo pernas, joelhos, braços, ombros. De modo semelhante, Homero não tem uma única palavra para designar a mente ou a alma. Para ele, *psique* não é a alma, mas a força vitalista que nos mantém em ação; ela é, por assim dizer, o órgão da vida. Homero utiliza duas outras palavras para aquilo a que chamamos "mente", além de *psique*. São estas *thymos*, o órgão da emoção, ou o que gera agitação ou movimento, e *noos*, o órgão da percepção, ou causa das imagens e das ideias. *Thymos* nos persuade a comer, ou a desferir golpes em nosso inimigo, ao passo que *noos* permite-nos ver e compreender.

Fränkel observa proveitosamente que "de todos os órgãos pertencentes a essa classe, o *thymos* é o mais completo e, concomitantemente, o mais espontâneo". Dodds elucidou as complexidades desse órgão de maneira esplêndida:

O *thymos* pode ter sido algum dia um "sopro-alma" ou uma "vida-alma" primitivos; mas em Homero ele não é a alma nem (como em Platão) "parte da alma". Pode ser definido, de maneira tosca e genérica, como o órgão do sentimento. Entretanto, ele goza de uma independência que a palavra "órgão" não nos sugere, influenciados que estamos pelos conceitos posteriores de "organismo" e de "unidade orgânica". O *thymos* de um homem diz-lhe quando ele tem de comer, beber ou matar um inimigo, aconselha-o no decorrer da ação, põe-lhe palavras na boca [...] Este homem é capaz de conversar com ele, ou com seu "coração", ou seu "estômago", quase como de homem para homem. Vez por outra, ele censura essas entidades separadas; não raro segue suas recomendações, mas também pode rejeitá-las e agir, como Zeus em certa ocasião, "sem o consentimento do seu *thymos*". No último caso, diríamos, como Platão, que o homem [...] controlou *a si próprio*. Para o homem homérico, entretanto, o *thymos* não tende a ser considerado como parte do próprio ser: ele comumente aparece como uma voz interior independente. Um homem pode ouvir até mesmo duas dessas vozes, como quando Odisseu "planeja em seu *thymos*" dar imediatamente cabo dos Cíclopes, mas é refreado por uma segunda voz. Esse hábito (como diríamos) de "objetivar as pulsões emocionais", tratando-as como se não fizessem parte de si mesmo, deve ter escancarado as portas à ideia religiosa de intervenção psíquica, a qual presume-se opere não diretamente sobre o próprio homem, mas sobre seu *thymos*, ou sobre a sede física deste, o tórax ou o diafragma. Vemos tal conexão com muita clareza na observação feita por Diomedes de que Aquiles lutará "quando o *thymos* em seu tórax lhe ordenar *e* quando um deus o animar" [de novo a sobredeterminação].

Essa "voz interior independente" não é o superego freudiano nem uma alucinação auditiva. Em termos freudianos, ela se acha mais próxima de uma pulsão, quer seja a pulsão de Eros, quer a da morte. Sugiro que o arrebatamento provocado pela leitura da *Ilíada* é poeticamente muito intensificado pela força independente, embora ingovernável, do *thymos*, pois essa força torna as emoções homéricas antes primais do que ingênuas, mais imaginativas do que redutivas. Tal força só pode ser medida em sua quantidade, e não em sua intensidade, o que deve explicar por que Snell nos diz que a quantidade, e não a intensidade, é o padrão de julgamento de Homero. Se a intensidade da emoção não importa de maneira nenhuma, não há, pois, motivação psíquica em nenhuma decisão pessoal. Um deus intervém, porque o herói homérico não pode perceber que sua própria alma ou mente é a fonte de seus poderes. Uma das sentenças de Snell que deve provocar grande angústia nos estudiosos de Homero contemporâneos nossos é esta, que faz mesmo de Aquiles algo diverso de uma figura trágica e, portanto, talvez algo menor que isso: "Os atos mentais e espirituais devem-se ao impacto de fatores externos, e o homem é o alvo desprotegido de grande quantidade de forças que o invadem e penetram em seu próprio âmago". Isso significa que todos os nossos desejos, emoções e percepções provêm apenas dos deuses. Ademais, os estudiosos de hoje tendem a achar que Snell diminuiu o porte tanto de Homero quanto de Aquiles e, dessa forma, negam o que parece bem evidente do começo ao fim da *Ilíada*: o caráter pode, em verdade, ser o destino; no entanto, o caráter, ele próprio forma de conhecimento, não pode ser diferenciado de outro caráter ou de outro conhecimento mediante intensidades rivais, mas apenas por intermédio da mera quantidade. Observei no primeiro capítulo que J não é antropomórfico, e sim teomórfico. Homero é antropomórfico: Aquiles não é como Zeus, mas Zeus, em certa medida, é como Aquiles. Eu diria que, no escritor J, Iahweh não é como Jacó, mas Jacó, até certo ponto, é como Iahweh. Na minha opinião, isso confere a Homero, em termos poéticos, certa vantagem sobre J, porém o caráter de Jacó, ou o de José, seu filho, ou o do rei Davi, é claramente diferenciado do caráter de Aquiles por sua intensidade. Iahweh, que não possui vontade nem sentimentos humanos, até mesmo em J, também possui um caráter mais intenso que o de Zeus.

A vitória é o supremo bem na *Ilíada*, e isso, desde então, sobredeterminou a natureza da poesia ocidental. Mesmo um semideus, como Aquiles, não pode, ao final, lograr o bem mais elevado. Para os mortais, então, a vitória é impensável. Ainda assim, pode-se exemplificar o estado mental homérico, e embora este não seja um estado unificado, é um estado total, como nos lembra Eric Havelock. Em J, o supremo bem é a Bênção, que existe numa dimensão do tempo, *olam*, desconhecida de Homero, e bastante avessa à representação na linguagem. Um homem movido por seu *thymos*, sempre desesperado por sair-se vitorioso na disputa da existência, inevitavelmente nos dá a definição do herói poético. O sutil e astuto Jacó, o herói de J, é ao mesmo tempo por demais realístico ou familiar, e por demais teomórfico ou insólito, para nos proporcionar um paradigma do herói poético. Entretanto, os deuses homéricos, a despeito de seus acertos e de suas desagradáveis imperfeições, continuam a ser enigmas estéticos para nós, ao passo que o Iahweh de J, graças aos reducionistas e aos revisores normativos, continua a ser um Deus desconhecido, a despeito de sua travessura e de seu vigor imaginativo.

Esteticamente, Aquiles é intensificado como uma representação do heroísmo humano por causa do *pathos* extraordinário, involuntário, que decorre de ele ser um impulso ou uma força que vive, percebe e sente. Se ele é infantil, talvez todo heroísmo seja infantil, no contexto dos gregos e daquilo que deles herdamos, o contexto da cognição. Cada um de nós, na medida em que continuamos a ser filhos da *Ilíada* enquanto nosso texto educativo fundamental, tem consciência de si mesmo como um campo de batalha em que poderes insólitos e forças arbitrárias chocam-se com violência e contendem até que nos findemos na morte. Quão diferentes vemos a nós mesmos quando mudamos o texto educativo fundamental e substituímos a *Ilíada* pelo livro de J ou pelo II Samuel! Mesmo quando criança, pouco há de infantil em Davi, e não há muito mais no José de J. Implicitamente eles possuem a bênção de Iahweh desde o começo, o que significa que cada qual sabe que seu nome jamais se dispersará. Davi e sua dissimulada representação no José de J retratam a visão que J tem de um novo tipo de homem, quase um novo Adão, o homem em quem Iahweh decidiu confiar e que, portanto, receberá o amor-pacto de Iahweh. A imagem de Davi, embora venha a desenvolver mais tarde uma aura messiânica na tradição normativa judaica, e na cristandade, não é, em II Samuel e em J, uma visão do que virá, mas a de um ser plenamente humano que já esgotou toda a esfera e vitalidade das possibilidades humanas.

Se restituirmos Aquiles ao lugar de herói da *Ilíada* tal como foi lida por Snell, Dodds e Fränkel, então consideraremos absoluta sua supremacia estética, ultrapassando em muito até mesmo o esplendor do Davi de II Samuel, o José de J ou ainda o Jacó de J. O peregrino Dante e as personagens de Chaucer e de Shakespeare serão as primeiras representações do humano que desafiarão o imenso *pathos* de Aquiles, a um tempo metade criança e metade deus. J, embora insólito e um tanto afastado de nós por 3 mil anos de revisionismo normativo, sem dúvida não é completamente estranho para nós. Homero o é, e isso constitui sua maior força poética. Seus deuses já não nos impressionam; surpreendem-nos ou nos divertem de maneira incômoda. Seus heróis não são nossos heróis, e sua radical estranheza, sobretudo a de Aquiles, está fadada a continuar a ser a essência da poesia para nós, e também a essência da descrença. A derradeira e mais poética grandeza de Aquiles é que ele não honra pacto nenhum, exceto com a morte.

O Homero de Snell, Dodds e Fränkel assemelha-se ao Homero que li, ainda que duvide que pudesse ler esse Homero sem eles. Virgílio, um poeta extraordinariamente conciliador, a mim se afigura um ancestral de nossas inquietações pesadelares, de nossas nostalgias e de nossas caprichosas esperanças quanto ao que ainda poderia ser. Todos os Virgílios talvez se quadrem àquela genealogia, não apenas o Virgílio de Dante e o de Tennyson, mas os mais persuasivos Vírgílios contemporâneos nossos: o de *Darkness visible* [Escuridão visível], de W. R. Johnson, com sua visão da terrível realidade da vontade malévola de Juno: o do ensaio de Adam Parry sobre as duas vozes da *Eneida*, a augustana e a elegíaca, o da *Eneida* homérica de K. W. Gransden, com sua subsunção intertextual da *Ilíada*, e, mais recentemente, o Virgílio alexandrino de Wendell Clausen, estendendo ousadamente a poética modernista de Calímaco a uma forma frustrada de poesia e, assim, alcançando a verdadeira epopeia do atraso.

Ninguém que leia a *Eneida* pode suportar Juno, que é pouco mais do que a projeção, num pesadelo, do medo masculino frente ao poder feminino. Gransden nos lembra que não há vilão algum na *Ilíada* e que a campanha de Poseidon contra Odisseu na *Odisseia* em nada se parece com o horror provocado pelo ódio implacável que Juno devota a Eneias. Protetora do matrimônio, Juno é na *Eneida* uma matrona metamorfoseada em monstro perigosamente convincente. Eu próprio, enquanto amável discípulo de Walter Pater, sou epicurista o bastante para não ser tão aterrorizado por Juno quanto o foi Virgílio. Em sua visão, ela é tão fantástica quanto ameaçadora, e por certo é uma realização muito ambígua em termos de representação épica, sendo um dos principais exemplos na literatura ocidental daquilo que nossas críticas feministas se comprazem em chamar de projeção da histeria masculina. De minha parte, preferiria considerar a Juno de Virgílio como o medo masculino de que a origem e o fim venham a ser uma só coisa. A única imagem ocidental que não partilha nem da origem nem do fim é o tropo hebraico do pai, desde o Javista até Freud; na *Ilíada*, o pai não é Jacó nem Israel, muito menos Abraão, mas simplesmente Peleu, com quem Aquiles não manteve nenhum relacionamento, e que é apenas um tipo de velhice desprezível a consumir-se rumo a uma espécie de morte iníqua. Na *Eneida*, a única imagem ocidental que não se refere nem à origem nem ao final reduz-se à figura patética de Anquises, que tem de ser carregado para fora da Troia em chamas nos ombros do filho enfatuadamente piedoso, o heroico porém ambíguo Eneias.

Receio que a imagem predominante da mãe na *Eneida* não seja a de Vênus, a mãe real, mas antes a de Juno, severamente maternal, a que desperta o mundo ínfero, o Inferno da fúria Alecto e da medonha Dira, manifesta na forma de uma horripilante ave carniceira. O Virgílio de Dante tem, na verdade, muito pouco em comum com o poeta da *Eneida*, exceto que Alecto e Dira são dignas do *Inferno* de Dante, assim como Juno. Em certo sentido velado, Juno é a musa pragmática de Virgílio, o impulso de seu poema. Quando jura dar a Lavínia um dote de sangue troiano e latino, tendo Belona como dama de honra, nela ouvimos a agressividade autêntica de Virgílio, ainda que recalcada, para com Homero, seu ousado pai. Inspirando uma intensidade agonística no sutil epicurista Virgílio, ela vem falar pelo próprio poeta quando ele confronta a *Ilíada* e a *Odisseia*:

> *se as forças me escasseiam*
> *Não preciso cambalear pedindo ajuda*
> *Onde quer que possa haver ajuda. Se eu não puder*
> *Dominar corações celestiais, despertarei o mundo ínfero.*

Não é essa a peculiar realização de Virgílio, quando comparada à de Homero, a criação do mundo de Juno? A própria Juno é a rubrica de Virgílio, a marca de sua principal originalidade enquanto poeta. Ela *é* a imaginação dele, na medida em que esta lhe pertence, e não a Homero. O *pathos* do mundo de Juno é o de que ele não chega a tragar Eneias nem Lavínia, porém Turno e Dido, as duas personagens mais humanas e esteticamente satisfatórias no poema. Turno, e não Eneias, é a figura digna de ser comparada a Aquiles e a Davi, e ao José substituto de Davi em J, exatamente como Juno, em vez de Júpiter, deve ser comparada ao Zeus da *Ilíada* e ao Iahweh do autor J. Se Juno é o princípio da angústia na *Eneida*, Turno é o objeto do próprio amor de Virgílio, seu orgulho com a própria criação fictícia. Ele não estava escrevendo a "Turneida", mas podemos supor que teria sido mais feliz se o fizesse, e o Canto II é, em todo caso, uma "Turneida" em miniatura, da mesma forma como o Canto IV pertence a Dido, e não a Eneias. Todo o Canto II é uma automortificação da parte de Virgílio, uma epifania de autolaceração e autodestruição. Gransden faz a observação sutil de que "surge uma visão da guerra que está mais próxima de Wilfred Owen que de Homero", e, então, compara Turno, nos momentos finais da epopeia, ao Fausto de Marlowe, em sua cena final. Eu evocaria Hotspur, a despeito de Turno não ter uma inteligência extravagante, porque Hotspur e Turno nos atraem por sua natureza peculiarmente violenta, neurótica e tentadora ao mesmo tempo.

Turno sofre uma morte terrível, que, em certo sentido, foi também a morte de Virgílio, ou, pelo menos, da poesia de Virgílio. Heitor morre desafortunadamente, com grande perda de dignidade, mas, comparado a Turno, ele morre com grandeza hemingwayana ou espanhola. Ao matar Heitor, Aquiles continua a ser o herói, mas o heroísmo tanto de Turno como de Eneias se lhes esvai, uma vez que Turno é na verdade trucidado por Júpiter, que primeiro impõe sua vontade a Juno e, em seguida, torna-se totalmente indistinguível dela. Dira põe doente o desgraçado Turno, entorpecendo-o, até que essa força gigantesca nada reconheça, nem mesmo a si própria. Ele fica indefeso, incapacitado de falar, apanhado grotescamente num pesadelo desperto. Eneias arremessa sua lança em um simples objeto, não em um homem, e o poema interrompe-se de repente com uma chacina gratuita.

Juno corrompeu Júpiter a tal ponto que ficamos a nos indagar qual seria a visão do divino em Virgílio. É possível imaginar a reação de Lucrécio, o precursor de Virgílio, a essa visão não exatamente epicurista da realidade divina. Se os deuses da *Ilíada*, em seu melhor aspecto, compensam as mentes em que não há unidade nem controle, então os deuses da *Eneida* nada concedem, e arrebatam quase tudo. Aquiles é tanto uma criança como um deus, mas Turno é pueril em vez de ingênuo e, ao fim, ele é só mais uma vítima da loucura da guerra. A poesia da *Eneida* ocorre bem entre a verdade e o sentido, condenada a permanecer alheia a ambos. Se existe crença na *Eneida*, ela simplesmente desaparece na metade final do poema. Não é tanto que ela esteja afastada da verdade e do sentido, mas está em deliberado exílio e fuga de ambos. Virgílio é poderoso em suas repressões, e ainda mais em seus retornos do reprimido. J nada reprime; seu Abraão, seu Jacó e, em particular, seu José, o substituto de Davi, têm cada qual uma consciência unificada e uma vontade determinada. Os deuses da *Ilíada* estão infinitamente distantes do Iahweh de J, porém, na *Eneida*, Juno e Júpiter assemelham-se perigosamente aos anjos decaídos ou demônios do *Paraíso perdido*. A vítima final de Homero pode ter sido Virgílio, que não foi feito para o campo do *agon*, e há algo de involuntariamente cruel no pequeno estudo de Gransden, *Virgil's Iliad* [Ilíada de Virgílio]. Quão irônico haveríamos de considerar o título "Eneida de Homero"! J e a *Ilíada* continuam a disputar a palma da representação, até que cheguemos a Dante, o filho demoníaco de Virgílio.

Não iniciarei meu comentário sobre Dante dando preferência ao Dante crociano da moderna crítica italiana em detrimento do Dante teológico da atual crítica americana, o Dante de Erich Auerbach, de Charles Singleton e de John Freccero. Sem este último, acharia difícil ler Dante, mas me parece haver dois Freccero muito distintos. Um deles é o continuador de Auerbach e de Singleton, e nos dá o que eu chamaria de a conversão da arte poética em Paulo e em Agostinho. O outro, a quem sigo, adota uma visão de Dante nietzschiana, agonística, uma visão que também encontro num crítico a quem prefiro a Auerbach, Ernest Robert Curtius. A forma poética e o sentido teológico são, sem dúvida, inseparáveis e pragmaticamente unificados em Dante, porém não são nem podem ser uma única entidade. A teologia de Dante e seus princípios políticos fundiram-se, mas a crença e a poesia não podem fazer o mesmo. Compararei o Dante peregrino e o Dante poeta com Aquiles, Davi e José enquanto representantes do heroísmo, e também pretendo contrastar implicitamente as damas celestiais de Dante — Beatriz, Lúcia e o ser superior e anônimo que solicita a intervenção delas na ação do poema — tanto com os deuses homéricos quanto com o Iahweh de J. Contudo, não posso proceder a essas confrontações agonísticas antes de argumentar um pouco, com infinito respeito, contra Auerbach, Singleton e Freccero e contra a contumaz insistência deles em atuar inteiramente segundo as categorias interpretativas paulinas da letra e do espírito, categorias que amiúde julgo irrelevantes às figurações básicas da *Comédia*.

Singleton observa que "a ficção da *Divina comédia* é ela não ser uma ficção". Isso implica a questão: o fato de não considerar seu poema uma ficção é o *agon* de Dante com todas as ficções anteriores. Curtius insiste que Dante via a si próprio como uma figura apocalíptica ou como um profeta, com expectativas de que a profecia se cumprisse durante sua própria vida. Provavelmente, isso sancionou sua ousadia em reivindicar para Beatriz um lugar no processo objetivo da salvação para todos os fiéis, não apenas para si mesmo. Como Joaquim de Flora, Dante é autor de uma gnose pessoal. Somente por intermédio de Beatriz a raça do homem excede a tudo o que há no mundo sublunar, tudo o que é terreno. Lúcia, mártir obscura de Siracusa, é exaltada por Dante como sendo a inimiga particular de toda a crueldade. Ela envia Beatriz a Dante, e ela própria é enviada por uma dama ainda mais elevada, a qual não temos razões para supor que seja a Virgem Maria. Curtius nos lembra o quão sublimemente arbitrário é tudo isso. Nada disso provém de Paulo ou de Agostinho. Trata-se, evidentemente, de uma alegoria, mas, se é uma alegoria dos teólogos, e não dos poetas, então não sabemos quem são esses teólogos engenhosos.

Singleton aparentemente seguiu o próprio Dante ao colocar a alegoria dos teólogos acima da alegoria dos poetas. Na alegoria dos poetas, o primeiro sentido ou sentido literal é uma ficção, e o segundo, ou alegórico, é o verdadeiro; assim, Orfeu e sua música constituem uma ficção, porém é verdade que a sabedoria órfica consegue domar corações cruéis. Na alegoria bíblica ou teológica, o sentido literal é verdadeiro e histórico, e o segundo sentido, ou alegórico, é espiritual, sendo uma interpretação do fato e da história. Desse modo, o Êxodo, quando da saída de Israel do Egito, é supostamente um fato histórico, porém, em uma interpretação espiritual, é nossa redenção por meio de Cristo. Nessa distinção entre uma alegoria dos poetas, tão palpavelmente fraca, e uma alegoria dos teólogos, a um só tempo verdadeira e profética, é óbvia a razão por que Dante fez sua escolha. Contudo, não é inteiramente a mesma escolha quando Singleton e o lado singletoniano de Freccero tentam seguir Dante. Com perspicácia, Singleton nos lembra que "Beatriz não é Cristo", embora sua vinda seja uma analogia da vinda de Cristo:

> É assim que a figura de um sol nascente, por meio do qual Beatriz chega, por fim, para postar-se sobre a carruagem triunfal, é a imagem mais reveladora que o poeta poderia ter encontrado, não apenas para afirmar a analogia da sua vinda com a de Cristo no presente, mas para salientar, ao fazer isso, a própria base em que repousa tal analogia: o advento da luz.

Charles Williams, no estudo *The figure of Beatrice* [A imagem de Beatriz], diz que "toda obra de Dante [...] é uma descrição do grande ato do conhecimento, no qual o próprio Dante é o Conhecedor, e Deus, o Conhecido, e Beatriz é o Ato de Conhecer". Podemos nós, com Singleton, aceitá-la como uma analogia ou, com Williams, aceitá-la como o ato de conhecer, como a gnose de Dante? Ou seria ela, no momento, o principal entrave do poema dantesco? Como ficção, ela preserva sua força assombrosa, porém não a apresenta Dante como sendo mais do que uma ficção, como uma alegoria teológica ou bíblica? Como havemos de resgatar a visão que Dante tem de Beatriz se não podemos aceitar a analogia entre sua vinda e a de Cristo? A resposta de Singleton é que Beatriz é a representação da sabedoria num sentido cristão, ou da luz da graça. Isso não é convincente, em termos poéticos, a não ser que sua matriz analógica seja a luz em vez da graça. No entanto, Dante persuade não graças a sua teologia, mas a sua estranha mestria do tropo da luz, mestria em que, entre os poetas, ultrapassa até mesmo o Milton cego. Eis aqui o *Paraíso* 30:100-2, na tradução de John Sinclair (que utilizo sistematicamente, com uma exceção): "Há uma luz lá no alto que torna o Criador visível à criatura, que só encontra a paz ao contemplá-Lo" [*There is a light up there which makes the Creator visible to the creature, who finds his peace only in seeing Him*].

Esta, diz Singleton, é a luz da glória em vez da luz da graça, que é de Beatriz, ou da luz natural, que é de Virgílio. Supostamente, o dom peculiar de Dante é o ter achado analogias perpetuamente válidas para todas as três formas de luz. Como, em seu poema, a ficção da duração não é temporal, mas final, ele deve retratar todos os três modos da luz como se estivessem além de qualquer alteração. E, não obstante, uma ficção imutável não pode agradar, como sabia claramente Dante. O que nos proporciona ele que mais do que compensa, em seu poema, a aparente recusa da angústia temporal?

A resposta de Auerbach foi o tropo da *figura*: "*uma coisa real e histórica* que anuncia alguma outra coisa que é também real e histórica". Catão de Utica, no primeiro canto do *Purgatório*, é um famoso exemplo auerbachiano, o qual gostaria agora de examinar com mais vagar. De que maneira o histórico Catão de Utica é a *figura* do Catão do Purgatório de Dante? O Catão histórico buscou a liberdade, mas foi um pagão, um adversário de César e um suicida. Auerbach argumenta que a busca de Catão pela liberdade cívica encontra sua efetivação na liberdade cristã por intermédio da purgação que Dante o encarrega de supervisionar. Sim, mas essa busca de liberdade foi expressa por seu suicídio, ele próprio um ato de seu anticesarismo e de seu paganismo. E seria verdadeiramente o Virgílio histórico uma *figura* da qual o Virgílio de Dante é a realização?

Seria o poeta Virgílio, de qualquer modo, mais razoável do que, digamos, o poeta Horácio? Como Lucrécio, porém de modo menos dogmático, Virgílio foi um epicurista. Dante poderia ter confiado na consciência epicurista da dor, de Virgílio, com sua profunda percepção de que o cosmo e os deuses eram imponderáveis, como uma insinuação de que Virgílio necessitava da cristandade. Em vez disso, Dante faz uma forte desleitura de Virgílio como sendo um crente num cosmo racional. Mas Dante, Auerbach e são Paulo realmente não podem seguir por dois caminhos de uma só vez. Não se pode dizer que Virgílio, na *Comédia* de Dante, é o Virgílio histórico, e então que não é. Se o Virgílio, o Catão, o Moisés ou o Josué históricos são apenas *figuras* da realização da verdade que a *Comédia* de Dante ou o Novo Testamento revelam, então essa realização é necessariamente mais real, mais repleta de significação do que era, ou do que é, a *figura*. Tão logo Virgílio, Catão, Moisés ou Josué tornam-se menos significativos ou reais do que Dante, Jesus ou são Paulo, a *Eneida* e a Bíblia hebraica também passam a ser, então, menos significativas e menos reais do que a *Comédia* ou o Novo Testamento. Na verdade, a *Eneida* e a Bíblia hebraica são substituídas. Em vez da *Eneida* de Virgílio, poema do pesadelo dominado pela presença da sinistra Juno e de suas terríveis ministras, Alecto e Dira, ficamos com a *Eneida* amenizada ou mutilada de Dante, que, por fim, degenera na *Eneida* banal e puritana de Mattew Arnold e de T. S. Eliot. Em vez da Bíblia hebraica de J, de Jeremias e de Jó, tomamos aquela obra cativa, o Velho ou, na verdade, o senescente Testamento, consideravelmente menos vigoroso do que o Novo Testamento. A Bíblia hebraica torna-se a letra, enquanto são Paulo e são João tornam-se o espírito.

No fato mais comum, assim como na história, nenhum texto pode completar outro, exceto por meio de alguma caricatura oportunista do texto anterior pelo mais recente. Argumentar de outra forma é entregar-se a uma perigosa idealização do relacionamento entre os textos literários, semelhante à idealização feita por Singleton da alegoria dos teólogos. Ambas as posições — a de Auerbach e a de Singleton — recusam a angústia temporal da história literária. Aprendemos que a descrição ulterior de Freud da compulsão de repetição é a derradeira *figura* ocidental, vaticinando nossa ânsia de fazer avançar além o princípio do prazer. Agora, o único texto que para nós pode completar textos anteriores, em vez de os corrigir ou invalidar, é o que deveria ser chamado de o texto da morte, o qual se opõe por completo ao que Dante procurou escrever.

O Auerbach mais antigo, que via em Dante o poeta do mundo secular, parece-me um guia melhor do que o Auerbach que se tornou o profeta da *figura*. O modo como Dante representa a realidade, conforme o antigo Auerbach, não era retratar o "tempo [homérico] em que o destino a pouco e pouco se desenvolve, mas o tempo derradeiro no qual ele se cumpre". Se o tempo é, em verdade, a finalidade, além de todo desdobramento, então a realidade pode ser com efeito representada num único ato que tanto é caráter como fado. Os homens e as mulheres de Dante revelam-se por completo naquilo que dizem e fazem, mas não mudam, e não podem mudar, *devido* ao que Dante lhes faz dizer ou fazer. Chaucer, embora devesse mais a Dante do que reconheceu, afastava-se de Dante precisamente nisso, afastamento que constitui a influência chauceriana de maior amplitude sobre Shakespeare. O Vendedor de Indulgências escuta a si mesmo falar, é influenciado pelo próprio sermão e pelo próprio relato, e se torna mais ávido de penitência justamente por esse ato de ouvir. Esse modo de representação se desenvolve em Shakespeare até alcançar uma perfeição que nenhum escritor desde então logrou de modo tão consequente. Hamlet pode ser, das personagens de Shakespeare, a mais desconcertantemente metamórfica, porém, como tal, ela ajuda a estabelecer o que se torna o modo geral. Quase todo mundo importante em Shakespeare ajuda a inaugurar um modo mimético que se naturalizou para nós, de maneira que agora nos contém, por assim dizer; tornou-se uma contingência que não mais reconhecemos como tal. As personagens de Shakespeare (assim como nós) ganham força ou são vitimadas, alcançam uma apoteose ou são destruídas, por si mesmas (assim como nós) reagindo ao que dizem ou fazem. Pode ser mais do que uma ironia observar que aprendemos a influenciar a nós mesmos com tanta força, em parte porque involuntariamente imitamos as personagens de Shakespeare. Nunca imitamos as criaturas de

Dante porque não vivemos em finalidades; sabemos que não estamos realizados.

Freccero, estudante de Singleton e discípulo de Auerbach, felizmente está impedido de esvanecer-se por completo nos historicismos idealistas destes devido à aguda consciência que tem da base agonística da efetiva poética de Dante, consciência em que Curtius é o precursor de Freccero. A ênfase singletoniana de Freccero em uma "poética da conversão" deturpa, em grau surpreendente, sua própria práxis como crítico de Dante, que é sempre localizar a força do que eu chamaria de translados, reversões metalépticas, que Dante faz de todos os precursores poéticos — latinos, provençais e italianos. Isso traz Freccero e a nós de volta à ênfase do antigo Auerbach sobre a originalidade de Dante na representação das pessoas. Como vidente, Dante identificava o caráter com o destino, o *ethos* com o *daimon*, e o que viu em seus contemporâneos transferiu aos três mundos finais do *Inferno*, *Purgatório* e *Paraíso*. Tanto os amigos quanto os inimigos de Dante são vistos por nós, são apresentados a nós sem ambivalência nem ambiguidade, coerentes consigo próprios, imutáveis, sendo seu destino eterno sobredeterminado não por Deus e pelos anjos, mas por seus próprios caracteres fixos.

Há constantes surpresas para Dante, assim como para nós, em sua *Comédia*, mas não existem acidentes. O magnífico Farinata, tão sublimemente altivo quanto o Satã de Milton, mantém-se de pé em seu túmulo, como se pelo Inferno sentisse um grande desdém, e ele é heroico, por ser maciçamente coerente consigo próprio: ele não pode ser nada além do que é. Contudo, seu esplendor poético pouco tem a ver com a alegoria dos teólogos, pois esta simplesmente deixou de ser uma forma acessível para nós, a despeito da devoção de Auerbach pela *figura*, da paixão de Singleton por Tomás de Aquino e da confiança de Freccero em Agostinho como sendo o inventor do romance do eu. Singleton, ao rejeitar a alegoria dos poetas, diz que ela reduziria o Virgílio de Dante a uma mera personificação da razão. Eu replicaria que Virgílio, na verdade uma alegoria dos poetas, não deveria ser interpretado como a Razão, a luz da natureza, porém como o tropo dessa luz, refletindo, entre muitas outras coisas, o brilho das lágrimas da natureza universal. Quando diz adeus a Virgílio, Dante não se despede da Razão, mas do *pathos* de certa luz natural. Dante não abandona Virgílio para buscar a graça, mas para encontrar sua própria imagem da voz. Na mais antiga e autêntica alegoria dos poetas, Virgílio representa a paternidade poética, a cena de instrução que Dante tem de transcender se deve completar sua jornada até Beatriz.

Beatriz é o mais difícil dos tropos de Dante, porque a sublimação não parece mais uma possibilidade humana. Uma crítica feminista altamente respeitada caracterizou Beatriz como uma "dona estúpida", presumivelmente porque ela contempla o Uno sem entendê-Lo. Ouso dizer que Beatriz é hoje tão difícil de apreender precisamente porque participa tanto da alegoria dos poetas quanto da alegoria dos teólogos. Visto que seu advento sucede à maturidade poética de Dante, ou ao desaparecimento de Virgílio, o precursor, Beatriz é uma alegoria poética da Musa, cuja função é ajudar o poeta a lembrar. Em poesia, lembrar é sempre o principal meio de cognição, de maneira que Beatriz é a faculdade inventiva de Dante, a essência de sua arte. Não apenas Beatriz é a mais sublime das Musas, mas também está muito acima delas devido a seu status de mito herético, de santa canonizada pelo próprio Dante ou, até, de anjo criado por ele. Hoje em dia, é costume falar de Dante como sendo *o* poeta católico, assim como Milton é considerado *o* poeta protestante. É possível que Kafka algum dia venha a ser chamado de *o* escritor judeu, embora seja infinita sua distância do judaísmo normativo. Dante e Milton não foram menos idiossincrásicos, cada qual em sua própria época, do que Kafka o é na nossa, e a imagem de Beatriz seria heresia e não mito se Dante não fosse o poeta tão forte reivindicado com prazer pela Igreja dos últimos séculos. Auerbach tinha consciência de que Dante não era Tertuliano, ao passo que Singleton escapou à própria tentação de confundir Aquino com Dante, e Freccero não confunde Dante com Agostinho. Infelizmente, os leitores dos três críticos parecem por vezes ter aprendido a ler Dante exatamente como leriam teologia. Uma perversa ênfase na doutrina é a lamentável consequência, e logo os leitores esquecem a percepção de Curtius, de que a Beatriz de Dante é a figura central numa gnose estritamente pessoal. Dante foi um visionário implacável, passionalmente ambicioso e desesperadamente obstinado, cujo poema expressa de modo triunfal sua própria personalidade ímpar. A *Comédia* não é uma alegoria dos teólogos, mas um imenso tropo do *pathos* ou poder, o poder do indivíduo singular que foi Dante.

O peregrino Dante e o guia Virgílio não são simplesmente o poeta Dante e o poeta Virgílio, assim como a dama celestial Beatriz não é apenas Beatriz, filha do banqueiro florentino Portinari. Todos os três são representações extraordinárias não de algum código teológico, mas de uma história ou mito intensamente pessoal: ousado, ambicioso e declaradamente profético. Dante não tem, na verdade, nenhum interesse em ser paulino, agostiniano ou tomista: só se interessa por ser o profeta Dante, que decididamente *não* é Dante o peregrino, e, de modo não menos decidido, *é* Dante o poeta. De novo cito Curtius acerca de Dante como sendo o profeta de um Mais Novo Testamento, a um só tempo imperial e vindicativo, com virtudes que só podem ser cristãs num sentido particular:

> O sistema de Dante é elaborado nos dois primeiros cantos do *Inferno* e sustenta toda a *Comédia*. Somente nele Beatriz pode ser vista. A Dama Nove tornou-se um poder cósmico que emana de dois poderes superiores. Uma hierarquia de poderes celestiais que intervém no processo da história — esse conceito está evidentemente relacionado ao gnosticismo: como uma construção intelectual, um esquema da contemplação intelectual, mesmo que porventura *não* na origem.

Uma parte muito pequena da crítica americana seguiu a indicação de Curtius, o que poderia ter dissuadido alguns críticos de ressaltar incessantemente a suposta ortodoxia teológica de Dante. Curtius não quis dizer que Dante era um gnóstico, mas ele nos lembra que a Beatriz de Dante encontra-se no centro de uma gnose idiossincrásica. Os críticos que leem Dante em termos de uma poética agostiniana da conversão são equivalentes àqueles que leem Milton como doutrina cristã, desde C. S. Lewis até muitos dos atuais reducionistas da poesia à teologia. Dante, assim como Milton, foi essencialmente uma seita de um só, não como peregrino, mas como poeta profético. Milton era obsedado pela Bíblia e, apesar disso, empenhou-se tanto em coisas que emulavam a Bíblia quanto naquelas que estavam além de seu escopo. A *Comédia*, apesar de sua erudição, não está profundamente envolvida com a Bíblia, e tenho dúvidas quanto à douta alegação de John Freccero de "que devemos considerar toda a autobiografia espiritual de Dante como sendo de estrutura essencialmente agostiniana". Para mim, Freccero tem enorme autoridade, mas o poema de Dante, como notou Curtius, é um testamento espiritual mais à maneira de Joaquim de Flora que à maneira de Agostinho. Seria a *Comédia*, antes de tudo, uma autobiografia espiritual, como diz Freccero, ou é ela uma profecia, como assevera Curtius? A autobiografia espiritual, seja em Agostinho, Rousseau ou Wordsworth, aguarda com paciência a efetivação do tempo e não busca um fim para a história. A profecia castiga a história, e tem uma propensão a tornar-se apocalíptica, a apressar o fim. Por natureza, Dante não era mais humilde ou paciente do que Milton, e deve ter apreciado a própria ironia ferina quando, no Canto II do *Paraíso*, ele obriga Boaventura, inimigo do Evangelho Eterno de Joaquim de Flora, não obstante isso, a louvar a Joaquim como sendo "dotado de espírito profético".

É o próprio ancestral de Dante, o cruzado Cacciaguida, que, três cantos depois, aclama seu descendente como um profeta, após saudar o poeta como o ser singular a quem se abriram duas vezes os portais do Paraíso. De modo mais decisivo, Cacciaguida se dirige ao trineto, não como o leitor da Bíblia, de Agostinho ou de Virgílio, mas do "grande livro em que jamais se mudam preto e branco", o livro da presciência de Deus quanto à verdade, um terceiro Testamento que não é o Evangelho Eterno de Joaquim de Flora e que, portanto, é claramente a própria *Comédia*. Vendo que Dante o reconhece e que sabe ser seu antepassado o mais alegre dentre a multidão festiva a seu redor, Cacciaguida concede a Dante o princípio da vocação profética do poeta, sobre a qual se fundamenta a autoridade da *Comédia*: "Contemplas a verdade, pois os pequenos e os grandes desta vida fixam os olhos nesse espelho em que, antes que tu penses, contemplas o teu pensamento". Não creio que isso seja uma alusão ao Salmo 139:2, "A distância compreendes o meu pensamento", porque nenhuma distância está envolvida no tropo de Cacciaguida, quer de Deus ou do eu. Dante, por meio de seu heroico trisavô, saúda a si próprio como o único, quase messiânico, que contemplou a verdade em sua própria imagem antes mesmo que começasse a pensar. Não um Dante agostiniano, porém um Dante mais agostiniano do que Joaquim, é aqui saudado, para que se lhe narrem a seguir "coisas que serão incríveis a quantos as testemunharem", segredos a que Dante apenas aludirá em seu poema. Algum poeta já celebrara a si próprio de modo tão assombroso quanto Dante ora é celebrado por seu ancestral? "A consciência sombria por vergonha de si ou dos outros em verdade sentirá a rudeza das palavras tuas; todavia, põe de parte toda falsidade e expõe com franqueza todas as tuas visões [...] Teu brado será qual o vento, que desfere mais golpes nos cimos mais alterosos; e isso é motivo de não pequena glória."

Com um poeta tão sobrenaturalmente vigoroso como Dante, devemos procurar o que não se encontra lá; e o que está ausente nessa magnífica acolada é qualquer referência a um tropo bíblico, quer profético, como em Isaías ou em Jeremias, quer relacionado com Cristo, nos Evangelhos ou em Paulo. A revelação de Dante é a dele, e será de si mesmo. Na peroração de Cacciaguida, há uma mistura entre o peregrino Dante e o poeta Dante, os quais, assim, são mutuamente enaltecidos. Como herói poético — na verdade, épico — o próprio Dante ocupa o lugar de Eneias e, portanto, em última análise, o de Aquiles, alcançando um status comparável ao de Davi, a um tempo poeta legítimo e peculiarmente favorecido por Deus. É--nos dado mais uma vez o *pathos* de uma grande personalidade, dificilmente seguidora de outro homem, seja Agostinho, seja Virgílio, e necessitando apenas de Beatriz, sua própria criação, como guia. O supremo *pathos* dessa personalidade, tanto como poeta quanto como peregrino, é mais sentido na magnífica despedida final de Beatriz ao poeta, no meio do Paraíso, Canto XXXI, no momento em que o lugar dela como guia é transferido ao idoso são Bernardo:

O meu olhar já devassara toda a forma geral do Paraíso, sem que se tivesse demorado em qualquer sítio dele, e com ânsias novamente inflamadas tornei a perguntar à minha Dama sobre coisas que me punham incerto o entendimento. Visei a ela, mas outro se me deparou: pensava ver Beatriz, e vi um ancião, vestido tal qual aquela gloriosa companhia. Os olhos e as faces se inundavam de uma alegria divinal, e era seu aspecto o da bondade que convém a um terno pai. "Onde está ela?", disse eu de súbito; e ele replicou: "A fim de pôr um termo ao teu desejo, Beatriz me enviou do meu lugar; e se ergueres o olhar para o círculo terceiro da camada mais alta tornarás a vê-la, no trono que lhe reservaram os seus méritos".

Sem responder, ergui os olhos e a vi onde para si mesma havia feito uma coroa, refletindo-se dela eternos raios. Da mais alta região onde troveja, olho mortal não dista mais, perdido nas profundas do oceano, quanto me distava a visão de Beatriz; mas pouco se me dava, pois sua imagem baixava a mim não toldada por coisa alguma interposta.

"Ó Dama em quem minha esperança encontra força, que suportaste, para minha salvação, deixar tuas pegadas no Inferno, de todas as coisas que vi, reconheço a graça e a virtude serem do teu poder e da tua bondade. És tu que me arrancaste da servidão para a liberdade por todas essas vias, por todos esses meios para tanto que estavam em teu poder. Em mim preserva a tua grande generosidade, de modo que o meu espírito, que íntegro tornaste, amável a ti, se possa libertar do corpo." Assim orei; e ela, distante o quanto parecia, sorriu e voltou os olhos para mim, tornando então de novo à fonte eterna.

Há nisso uma força assustadora, em sua aparente sublimação de um impulso criador de mitos que aqui aceita uma limitação que é a um só tempo retórica, psicológica e cosmológica. Freud, em sua própria e magnífica suma "Análise terminável e interminável", lamentou não conseguir curar a quantos não aceitassem a cura: "Um homem não se sujeitará a um pai substituto ou a lhe dever coisa alguma, e portanto se recusa a aceitar sua cura de um médico". Dante também não havia de dever nada a homem nenhum, nem mesmo se esse homem fosse Virgílio, seu pai poético, ou Agostinho, seu predecessor de conversão. A cura foi aceita por Dante de seu médico, Beatriz, mas ela era a própria criação dele, o mito pessoal no centro de seu poema. Ao sorrir e olhar para ele, à medida que se afastam, ela confirma a cura.

3. SHAKESPEARE

EXISTEM APENAS TRÊS INFLUÊNCIAS literárias significativas em Shakespeare: Marlowe, Chaucer e a Bíblia inglesa. Marlowe foi engolido por Shakespeare, como um peixinho por uma baleia, embora Marlowe tivesse um ressaibo forte o bastante para induzir Shakespeare a algumas alusões deturpadas. Podemos inferir que Marlowe tornou-se uma advertência para Shakespeare: o caminho a não seguir. Chaucer sugeriu a Shakespeare aquilo que se tornaria o principal recurso deste e, por fim, sua maior originalidade na representação de pessoas. A Bíblia inglesa exerceu um efeito ambíguo sobre o escritor que foi seu único rival na formação da retórica e da visão de todos os que lhe sucederam no idioma. O uso que Shakespeare faz da Bíblia de Genebra e da Bíblia dos Bispos, e das passagens bíblicas do Livro de Orações Comuns, não é um recurso à crença, mas à poesia. Aprendemos muito mais de Shakespeare do que em geral admitimos. Uma das muitas verdades que ele continua a nos ensinar é que a crença não passa de uma fraca desleitura da literatura, assim como a poesia depende de uma desleitura, forte ou criativa, do poder anterior da poesia.

Nossa maior dificuldade em reler Shakespeare ou assistir a suas peças é que não sentimos absolutamente nenhuma dificuldade, o que é mais do que um paradoxo, de vez que deparamos com uma intensidade poética que ultrapassa até mesmo o Javista, Homero, Dante e Chaucer. Não podemos ver a originalidade de uma originalidade que se tornou em contingência ou facticidade para nós. Lembro-me de observar em um seminário universitário sobre Shakespeare que não apenas nossos modos habituais de representar os indivíduos por meio da linguagem tiveram origem com Shakespeare, como também lhe devemos a maior parte dos nossos meios pretensamente modernos de representar a cognição pela escrita e pela leitura. Um estudioso presente objetou que eu confundia Shakespeare com Deus. Dizer que, depois de Deus, Shakespeare foi quem mais criou é na verdade observar que a maior parte do que naturalizamos nas representações literárias anteriores provém, primeiro, do escritor J e de seus revisores, e de Homero, mas, em segundo lugar e de modo mais intenso, de Shakespeare.

O elemento isolado mais vital em Shakespeare nos leva de volta a Chaucer. Pode-se dizer que os debates eruditos sobre a influência de Chaucer em Shakespeare culminaram no excelente *The swan at the well: Shakespeare reading Chaucer* [O cisne no poço: Shakespeare lendo Chaucer], do falecido E. Talbot Donaldson, com sua coda comparando a Mulher de Bath e Falstaff como dois grandes vitalistas cômicos. Interessa-me mais uma influência de tipo mais reprimido. Mais do que Marlowe ou mesmo do que a Bíblia inglesa, Chaucer foi o principal precursor de Shakespeare por ter proporcionado ao dramaturgo a referência crucial que conduziu à sua maior originalidade: a representação da mudança ao mostrar os indivíduos ponderando sobre o próprio discurso e modificando-se mediante essa consideração. Julgamos banal, e até mesmo natural, esse modo de representação, porém não é possível encontrá-lo em Homero ou na Bíblia, nem em Eurípides ou em Dante. Um aspecto formal dessa originalidade shakespeariana foi observado por Hegel em suas preleções publicadas postumamente, *A filosofia das belas-artes*:

> Quanto mais Shakespeare, na abrangência infinita de seu teatro do mundo, continua a desenvolver os extremos limites do mal e da loucura, até aquele ponto [...] ele concentra essas personagens nas limitações delas. Ao fazer isso, contudo, ele lhes confere inteligência e imaginação e, por meio da imagem em que eles, em virtude dessa inteligência, contemplam objetivamente a si mesmos como uma obra de arte, ele os torna livres artistas de si próprios [...]

Hamlet, Edmund, Iago, Falstaff — esse quarteto tão dessemelhante só se acha associado na forma de independentes artistas deles mesmos, e, graças às próprias forças, podem eles contemplar-se objetivamente como obras de arte. Tal contemplação é particularmente efetiva quando ativa a mais desalentadora qualidade da grande arte, a capacidade de ao mesmo tempo provocar e manifestar a mudança do ser humano. O que relaciona certas personagens em Chaucer — sobretudo o Vendedor de Indulgências e a Mulher de Bath — com Shakespeare é justo essa contemplação de si mesmo e essa reação metamórfica. O Vendedor de Indulgências e a Mulher de Bath já se encontram na senda mimética que conduz a Edmund e a Falstaff. O que dizem aos outros, ou a si próprios, em parte reflete aquilo que eles já são, mas em parte também produz o que ainda serão. De maneira ainda mais sutil, Chaucer insinua transformações inelutáveis no Vendedor de Indulgências e na Mulher de Bath mediante o efeito da linguagem dos contos que eles escolhem contar. Em Homero, na Bíblia e em Dante, não nos são apresentadas transformações profundas em indivíduos particulares, desencadeadas pela própria linguagem desses indivíduos, por via das diferenças que a dicção e as tonalidades individuais criam à medida que o discurso engendra mais discurso.

A. D. Nuttall, no seu estudo muito proveitoso *A new mimesis: Shakespeare and the representation of reality* [Uma nova mimese: Shakespeare e a representação da realidade] (1983), faz uma abordagem do maior poder de Shakespeare, sua originalidade cognitiva e representativa:

> Na análise cultural dos textos antigos, há uma suposição corrente de que a expectativa da verdade cada vez mais é confinada à análise em si, e removida do material analisado: as percepções *deles* são inconscientemente condicionadas, mas *nós* podemos identificar as condições. O exemplo de Shakespeare é infinitamente rebelde a essa arrogante relegação. Até mesmo quando se opera com instrumentos aparentemente modernos do pensamento, tais como os conceitos da história

cultural, descobre-se que Shakespeare lá está antes de qualquer um. A inferência é óbvia: o texto nega-se a renunciar ao que chamei de "expectativa da verdade". Seu nível de atividade *cognitiva* é tão elevado que tentativas ulteriores de atingir até mesmo o caráter latente de categorias do pensamento descobrem que seus avanços mais radicais foram antecipados pelo poeta. O meio mais fácil — não, o *único* meio — de explicar isso é dizer que Shakespeare estava olhando muito intensamente para o mesmo mundo (quatrocentos anos mais jovem, porém ainda o mesmo mundo) para o qual agora estamos olhando.

Na verdade, Shakespeare sempre está lá antes de qualquer um; ele contém a história cultural, Freud e o que mais se queira, e antecipou todo avanço que estava por vir. Porém, não posso concordar com Nuttall em que Shakespeare observou o nosso mundo, inalterado de agora até então. Em vez disso, sugiro que a diferença entre o mundo que Shakespeare viu e o nosso é, num grau surpreendente, o próprio Shakespeare. Para definir essa diferença, vamos ao ato final de *Hamlet*.

É lugar-comum da crítica afirmar que o Hamlet do ato V é um homem mudado: maduro em vez de juvenil, com certeza mais quieto, se não quietista; de algum modo, em maior harmonia com a divindade. Talvez a verdade seja que ele é, por fim, ele mesmo, não mais afligido pela lamentação e pela melancolia, pelo ciúme assassino e pelo ódio incessante. Certamente não é mais assombrado pelo espectro do pai. É possível que o desejo de vingança nele esteja diminuindo. Em todo o ato V, ele não menciona diretamente nem uma única vez o pai morto. Há apenas uma referência ao "sinete de meu pai" que serve para selar o destino adverso daqueles pobres condiscípulos, Rosencrantz e Guildenstern, e a curiosa expressão "meu rei" em lugar de "meu pai" na fria e retórica pergunta que o príncipe dirige a Horácio:

Pondera: não te parece que me cumpre agora —
Aquele que matou meu rei e que depravou minha mãe,

E que se esgueirou entre a eleição e as esperanças minhas;
Que deitou o anzol para apanhar a minha própria vida
E com tal maquinação — não é ato de perfeita consciência
Pagar-lhe com este braço?*

Quando Horácio responde que Cláudio breve terá notícias da Inglaterra, e que provavelmente Rosencrantz e Guildenstern foram executados, Hamlet, de modo bastante ambíguo, faz o que se poderia interpretar como um voto final de vingança:

Será breve. É meu o intervalo.
E a vida de um homem não é mais do que contar "um".**

Seja como for que se interprete isso, Hamlet não delineia nenhum plano, e se compraz com uma sábia passividade, sabendo que Cláudio deve agir. Se não fosse pela intriga de Cláudio e Laertes, nós e o príncipe poderíamos ser confrontados por uma espécie de frieza sem fim. O que parece claro é que acabou a urgência do antigo Hamlet. Em lugar disso, um misterioso e belo desinteresse predomina nesse Hamlet mais veraz, que compele o amor universal exatamente por estar além dele, à parte a exemplificação deste por Horácio. O que ouvimos é um *ethos* tão original que ainda não o podemos assimilar:

Senhor, em meu coração havia uma espécie de luta
Que me não deixava dormir. Sentia a mim próprio jazer
Pior do que os amotinados presos aos ferros. Irrefletidamente —
e louvada seja a irreflexão: saibamos

---

* Does it not, think thee, stand me now upon — / He that hath kill'd my king and whor'd my mother,/ Popp'd in between th'election and my hopes,/ Thrown out his angle for my proper life/ And with such coz'nage — is't not perfect conscience/ To quit him with this arm?

** It will be short. The interim is mine./ And a man's life's no more than to say "one".

Que a nossa indiscrição muita vez nos vale
Quando falham os nossos planos bem tramados; e isso nos deveria
[ensinar
Que existe uma divindade que nos modela os fins,
*Por muito mal que os talhemos —**

Numa leitura fraca, essa divindade é Iahweh, porém, de maneira forte, os "fins" aqui não são as nossas intenções, mas os nossos destinos, e o contraste se dá entre uma força capaz de *moldar* a pedra e as nossas vontades, que apenas talham grosseiramente uma implacável substância. Tampouco Calvino encontraria uma leitura forte nos ecos do Evangelho de Mateus, quando Hamlet põe de parte a própria vontade: "Não imaginas como tudo está infeliz aqui no coração". No seu coração, há de novo uma espécie de luta, mas a prontidão, em vez da maturidade, agora é tudo:

> Nada disso. Desafiamos o augúrio. Há providência particular na queda de um pardal. Se for agora, não está por vir; se não está por vir, vai ser agora; se não for agora, virá, no entanto. Estar preparado é tudo. Já que nenhum homem, de coisa alguma do que deixa, é senhor, que importa deixá-la cedo? Seja o que for.**

O aparente niilismo faz mais do que negar o texto citado de Mateus, todavia o desespero epistemológico não se apresenta

---

* Sir, in my heart there was a kind of fighting/ That would not let me sleep. Methought I lay/ Worse than the mutines in the bilboes. Rashly —/ And prais'd be rashness for it: let us know/ Our indiscretion sometime serve us well/ When our deep plots do pall, and that should learn us/ There's a divinity that shapes our ends,/ Rough-hew them how we will —

** Not a whit. We defy augury. There is special providence in the fall of a sparrow. If it be now, 'tis not to come; if it be not to come, it will be now; if it be not now, yet it will come. The readiness is all. Since no man, of aught he leaves, knows aught, what is't to leave betimes? Let be.

como tal, mas como uma serenidade consumada. Acima de tudo, não são essas as expressões de alguém que busca vingança, nem mesmo de alguém que ainda se lamenta, ou continua a padecer das virtudes egoístas do coração comum. Não o niilismo, mas o autêntico desinteresse — e, no entanto, que é ele? Nenhuma doutrina elisabetana, nenhuma interpretação em Aristóteles, nem ao menos em Montaigne, pode ajudar a responder a essa questão. Conhecemos o *ethos* do desinteresse só porque conhecemos Hamlet. Nem podemos esperar conhecer melhor Hamlet conhecendo Freud. Na verdade, o pai morto foi, durante quatro atos, mais poderoso do que poderia ser o pai vivo, mas, no ato V, o pai morto não é sequer uma sombra numinosa. Ele é tão só um precursor, o Hamlet da Dinamarca antes deste, e este importa muito mais. O herói trágico em Shakespeare, que alcança sua capacidade de comoção mais universal em Hamlet, é uma representação tão original que conceitualmente *ele nos contém*, e, desde então, modelou nossa psicologia dos motivos. Nosso mapa ou teoria geral da mente pode ser o de Freud, mas este, como todos nós, herda a representação da mente, no que tem ela de mais sutil e eminente, de Shakespeare. Freud podia dizer que o objetivo de toda a vida era a morte, mas não que estar preparado é tudo, nem mesmo que a superação do complexo de Édipo dependia de se passar da imagem do pai morto para a imagem de toda mortalidade. Quando a caveira de Yorick toma o lugar do espectro protegido por um elmo, o Hamlet maduro abandona, então, o vingador que pune a si mesmo, e cria-se um sentido diferente do poder que a morte exerce sobre a vida — e em algo que é mais do que uma peça ou um poema dramático:

HAMLET: A que torpes serviços podemos retornar, Horácio! Por que não pode a imaginação rastrear as nobres cinzas de Alexandre até dar com elas tapando o buraco dum barril?

HORÁCIO: Considerar assim seria considerar de modo assaz curioso.

HAMLET: Não, por minha fé, nem um pouco!, mas segui-lo até lá com bastante moderação e verossimilhança que a conduzisse.*

A probabilidade conduz a possibilidade, a verossimilhança dirige a imaginação, e Alexandre é essencialmente um substituto para o pai morto, o Alexandre dinamarquês. Passionalmente redutivo, Hamlet entregaria as próprias cinzas à mesma verossimilhança, porém, nesse ponto, dele nos afastamos, tendo Horácio como nosso próprio substituto. O elogio singular que Hamlet faz de Horácio estabelece para sempre o paradigma do leitor ou espectador shakespeariano com relação ao herói trágico de Shakespeare:

> *Ouves?*
> *Desde que minha alma querida foi senhora da própria vontade,*
> *E pôde dentre os homens escolher o seu eleito,*
> *Selou-te para si mesma: pois foste*
> *Como alguém que, sofrendo tudo, nada sofre...***

O que não quer dizer que Horácio e o leitor não sofram com Hamlet, mas, antes, que nada sofrem porque de Hamlet aprendem o desinteresse que eles próprios não podem exemplificar, embora tenham de algum modo a possibilidade de partilhar. E eles sobrevivem, a fim de narrar a história de Hamlet "de juízos acidentais" não tão acidentais nem talvez juízos, pois que o desinteresse não julga e nem há acidentes.

---

* HAMLET: To what base uses we may return, Horatio! Why may not imagination trace the noble dust of Alexander till 'a find it stopping a bung-hole?
HORÁCIO: 'Twere to consider too curiously to consider so.
HAMLET: No, faith, not a jot, but to follow him thither with modesty enough, and likelihood to lead it.
** Dost thou hear?/ Since my dear soul was mistress of her choice,/ And could of men distinguish her election,/ Sh'ath seal'd thee for herself; for thou hast been/ As one, in suff'ring all, that suffers nothing...

Apenas Hamlet, ao cabo, não tem interesse, pois o herói que vemos no ato V, a despeito dos seus protestos, encontra-se agora além do amor; o que não significa dizer que, por isso, nunca tenha amado Gertrude ou Ofélia, ou o pai morto, ou o pobre Yorick. Hamlet é um ator? Sim, anteriormente, mas não no ato V, onde também deixou de ser diretor de peça, e, por fim, abandona até mesmo a profissão de poeta. A linguagem, predominante como tal no Hamlet anterior, quase dá a ilusão de transparência em sua derradeira fala, sobretudo porque chega próximo de dizer o que não pode ser dito:

> *Vós que estais pálidos e trêmulos ante esse infortúnio,*
> *Que sois apenas figurantes ou espectadores desta cena,*
> *Tivera eu tempo — que esse esbirro cruel, a Morte,*
> *É preciso em sua detenção — Oh, pudera eu dizer-vos*
> *Mas seja o que tiver de ser.**

Obviamente, ele de fato sabe algo do que abandona, e ansiamos por saber o que poderia nos dizer, de vez que o poder de Shakespeare nos persuade de que Hamlet obteve um conhecimento decisivo. Uma pista é o durável tropo teatral do "apenas figurantes ou espectadores", o qual sugere que o conhecimento é em si mesmo "da" ilusão. Mas o tropo é enfatizado por duas declarações feitas a Horácio e, desse modo, a nós próprios. "Estou morto", e nenhuma outra personagem em Shakespeare parece postar-se de modo tão autoritário no limiar entre os mundos da vida e da morte. Quando a última fala do herói passa de "Oh, eu morro, Horácio" para "o resto é silêncio", há de novo uma forte impressão de que muito mais se poderia dizer, sobre o nosso mundo e não sobre a "região desconhecida" da morte. A indicação é a de que Hamlet poderia nos contar algo que aprendeu acerca da

---

* You that look pale and tremble at this chance,/ That are but mutes or audience to this act,/ Had I but time — as this fell sergeant, Death,/ Is strict in his arrest — O, I could tell you —/ But let it be.

natureza da representação, pois aprendeu aquilo que ele próprio representa.

Sobre isso, Shakespeare concede a Fortimbrás a última palavra, mas tal palavra é ironia, pois Fortimbrás apenas exemplifica a fórmula da repetição: tal pai, tal filho. "A música militar e o rito marcial" representam com eloquência o pai morto, mas não esse filho morto, que assistira ao exército de Fortimbrás avançar para obter seu pequeno pedaço de terra e refletira: "Certamente ser grande/ Não é inquietar-se sem grande razão" [*Rightly to be great/ Is not to stir without great argument*]. A última palavra do leitor tem de ser a de Horácio, que, com mais verdade do que Fortimbrás, tem a voz agônica de Hamlet: "e da sua boca cuja voz arrastará consigo mais vozes", que apenas de modo secundário significa arrebanhar mais partidários da eleição de Fortimbrás. Horácio representa os espectadores, enquanto Fortimbrás exemplifica todos os pais mortos.

Amamos Hamlet, portanto, pelas mesmas razões por que Horácio o ama. De Horácio, sabemos que aquilo que mais o distingue de Rosencrantz e de Guildenstern, e, é certo, de Polônio, Ofélia, Laertes — de Gertrude, na verdade —, é o fato de Cláudio não poder valer-se dele. Os críticos notaram o status ambiguamente variável de Horácio na corte da Dinamarca, e o falecido William Empson confessou certa irritação com a descoberta em Horácio, por Hamlet, de virtudes que o príncipe não poderia encontrar em si mesmo. No entanto, Shakespeare dá-nos um Hamlet que temos de amar ao mesmo tempo que estamos conscientes da nossa inferioridade, pois ele tem as qualidades que nos faltam e, assim, dá-nos também Horácio, nosso representante, que tão estoicamente ama pelos demais de nós. Horácio é leal e limitado, cético, como convém a um condiscípulo do profundamente cético Hamlet, mas nunca cético quanto a Hamlet. Tirem Horácio da peça e nos põem fora dela. O enredo poderia ser reajustado para poupar os desventurados Rosencrantz e Guildenstern, e até mesmo para Laertes, para não mencionar Fortimbrás, mas retirem Horácio e Hamlet se torna tão distante de nós que quase podemos perder a esperança de explicar a universalidade da atração que é a característica mais original dele e da peça.

Horácio, portanto, representa por intermédio de nossa associação positiva consigo; é um truísmo, mas não menos verdadeiro por isso, dizer que Hamlet representa pela negação. Suponho que, na origem, essa negação é bíblica, o que explica por que ela nos parece tão freudiana, pois a negação freudiana é, por assim dizer, bíblica e não hegeliana. Hamlet é bíblico, mais do que homérico ou sofocliano. Tal qual o herói hebraico defrontando Iahweh, Hamlet precisa ser tudo em si mesmo, apesar de saber em que sentido não é nada em si mesmo. O que Hamlet recupera da repressão é restituído apenas de forma cognitiva, jamais emocional, de modo que, nele, o pensamento é liberado do seu passado sexual, porém ao custo elevado de um prolongado e crescente sentimento de aversão sexual. E o que Hamlet ama a princípio é o que ama o homem bíblico e freudiano: a imagem da autoridade, o pai morto e o objeto do amor do pai morto, que é também o objeto do amor de Cláudio. Quando amadurece, ou retorna inteiramente a si mesmo, Hamlet transcende o amor da autoridade e deixa de amar por completo, e talvez se possa dizer que ele agoniza do começo ao fim do ato V, e não apenas na cena do duelo.

Em Freud, amamos a autoridade, mas a autoridade, por sua vez, não nos ama. Em nenhuma passagem da peça, Hamlet ou qualquer outro nos conta sobre o amor do rei morto por seu filho, mas apenas de seu amor por Gertrude. Deve-se admitir que Hamlet paira sempre além da nossa compreensão, mas ele não se encontra tão distante que nos faça vê-lo com a visão de Fortimbrás em vez de com a visão de Horácio. Não pensamos nele necessariamente como representante da realeza, porém mais como nobre, no sentido arcaico de "nobre", que é ser uma alma com poder de visão. Com certeza não é acidental que se faz com que Horácio enfatize a palavra "nobre" na sua elegia a Hamlet, a qual contrasta o canto angélico com a "música militar" de Fortimbrás. Como um coração nobre ou dotado de visão, Hamlet na verdade vê por meio da emoção. Com exceção do julgamento de T. S. Eliot de que a peça é um fracasso estético, a opinião mais estranha na crítica contemporânea de *Hamlet* foi a de W. H. Auden, no ensaio sobre Ibsen, "Gênio e apóstolo", que compara Hamlet, enquanto simples ator, ao Dom Quixote, enquanto a antítese de um ator:

> A Hamlet falta fé em Deus e em si próprio. Por conseguinte, ele tem de definir sua existência em função dos outros, por exemplo, eu sou o homem cuja mãe desposou seu tio, o qual assassinou seu pai. Ele gostaria de tornar-se o que é o herói trágico grego, uma criatura da situação. Daí sua incapacidade de atuar, pois ele só pode "atuar", isto é, jogar com possibilidades.

Harold Goddard, cujo livro *The meaning of Shakespeare* [O significado de Shakespeare] (1951) ainda me parece o trabalho mais esclarecedor sobre Shakespeare, observou que "Hamlet é seu próprio Falstaff". No espírito de Goddard, eu poderia arriscar a fórmula: Brutus mais Falstaff é igual a Hamlet, embora "igual" dificilmente seja aqui uma palavra precisa. Melhor fórmula foi proposta por A. C. Bradley, quando sugeriu ser Hamlet a única personagem shakespeariana que poderíamos pensar ter escrito as peças de Shakespeare. Goddard baseou-se nisso ao dizer de Shakespeare: "Ele é um Hamlet antes da Queda". De uma perspectiva douta ou formalista, o aforismo de Goddard não é crítica, mas nem a pesquisa histórica nem os métodos formalistas da crítica nos têm sido de grande ajuda para aprender a descrever a originalidade inassimilada que ainda constitui a representação shakespeariana. Pelo fato de sermos formados por Shakespeare, paradoxalmente com mais plenitude ali onde não o podemos assimilar, somos um pouco ofuscados pelo que se poderia chamar de a originalidade dessa originalidade. Só alguns críticos (entre eles, A. D. Nuttall) viram que o principal elemento dessa originalidade é seu poder cognitivo. Sem Shakespeare, não teríamos conhecimento de uma representação literária que operasse de modo a induzir a realidade a revelar aspectos de si própria que nós, de outra forma, não poderíamos discernir.

Harry Levin, para quem uma forte desleitura não é uma descoberta feliz, porém má sorte, adverte-nos que "tem-se pensado demasiadamente em Hamlet sem *Hamlet*". Poder-se-ia replicar, com toda a suavidade, que pouco de memorável tem sido escrito sobre Hamlet que não se inclua no modo de "Hamlet sem *Hamlet*". Muito mais do que em *Rei Lear* ou *Macbeth*, a peça é a personagem; a questão de *Hamlet* só pode ser Hamlet. Ele não se move num cosmo sublime e, em verdade, não tem nenhum mundo, salvo ele mesmo, o que pareceria ser o que aprendeu no ínterim dos atos IV e V. Crianças trocadas ao nascer que transitam da fantasia ao fato apenas são possíveis no romance, e — ai! — Shakespeare escreveu a tragédia de Hamlet, e não o romance de Hamlet. Porém a originalidade da representação shakespeariana na tragédia, sobretudo em *Hamlet*, dificilmente pode ser exagerada. A versão shakespeariana do romance familiar sempre o combina com dois outros paradigmas para sua exuberante originalidade: com uma catástrofe que cria e com um transportar-se de ambivalências anteriores na plateia até uma ambivalência que é uma espécie de tabu estabelecido em torno do herói trágico como uma aura. No final de *Hamlet*, apenas Horácio e Fortimbrás são os sobreviventes. Fortimbrás será, provavelmente, um outro rei-soldado da Dinamarca. Horácio não volta conosco para casa, mas se desvanece na aura do crepúsculo de Hamlet, talvez para servir, repetidas vezes, como testemunha da história de Hamlet. O herói nos deixa com uma sensação de que por fim ele criou a si próprio, de que ele estava além do nosso alcance, mas não além da nossa afeição, e de que as catástrofes que ajudou a provocar não ocasionaram uma nova criação, mas uma revelação original do que se achava latente na realidade mas que não se evidenciaria sem a própria desgraça do herói.

O dr. Samuel Johnson encontrou na representação de Otelo, Iago e Desdêmona "tantas evidências da perícia de Shakespeare na natureza humana que, suponho, seja inútil buscar em qualquer escritor moderno". Victor Hugo, o grande romântico, deu-nos a fórmula contrária: "Depois de Deus, Shakespeare foi quem mais criou", o que não me parece uma nova mistificação das personagens de Shakespeare, mas, antes, uma indicação perspicaz em relação ao que se poderia chamar de pragmática da estética. Shakespeare foi um deus mortal (como Victor Hugo aspirou a ser), porque sua arte não era, de forma alguma, uma mimese. Um modo de representação que sempre está à frente de qualquer realidade que se desenvolva no plano histórico por força nos contém mais do que somos capazes de contê-la. A. D. Nuttall observa quanto a Iago que ele "escolhe quais emoções sentirá. Ele não é apenas motivado, como todo mundo. Em vez disso, ele *decide* ser motivado". Embora Nuttall faça de Iago um existencialista na linha de Camus, eu consideraria Iago mais próximo de um deus, ou de um demônio, e que, desse modo, talvez se pareça com seu criador, que obviamente escolheu as emoções que seriam sentidas, e decidiu ser ou não motivado. Não temos a impressão de que Otelo seja uma crítica de Shakespeare, mas, em certo sentido, Iago é bem isso, sendo um dramaturgo, tal qual Edmund, no *Rei Lear*, como Hamlet e como William Shakespeare. O "o resto é silêncio" de Hamlet apresenta um curioso paralelo com o "Doravante jamais direi palavra" de Iago, mesmo que Hamlet morra em seguida e Iago sobreviva para morrer mudo sob tortura.

Não é que Iago se encontre na classe de Hamlet como

uma consciência intelectual. Não, Iago é comparável a Edmund, que no *Rei Lear* supera a todos como intrigante no ambiente de realeza da peça. Otelo é soldado ilustre e homem lamentavelmente simplório, que poderia ser arruinado por um vilão muito menos dotado que Iago. A opinião fascinante de A. C. Bradley ainda é verdadeira: troque-se de lugar Otelo e Hamlet, pondo um na peça do outro, e não haverá peças. Otelo abateria Cláudio tão logo o espectro o persuadisse, e Hamlet necessitaria apenas de alguns momentos para perceber o jogo de Iago, e começar a destruí-lo por meio de paródia declarada. Contudo, não há Hamlets, nem Falstaffs, nem *clowns* dotados de inspiração em *Otelo, o mouro de Veneza*, e a pobre Desdêmona não é Pórcia.

O mouro de Veneza é a parte vez por outra negligenciada do título da tragédia. Ser o mouro de Veneza, seu general assalariado, é uma honra incômoda, e a Veneza daquela época e a dos nossos dias é a mais incômoda das cidades. A pigmentação de Otelo é notoriamente essencial para o enredo. Dificilmente ele é um homem comum com relação aos sutis venezianos, porém o estado de obsessão sexual que ele adquire de Iago se desenvolve num dualismo que o torna insano. Um monismo magnífico sucumbiu aos descontentamentos da civilização veneziana, e continuamos assombrados pelas insinuações de um Otelo diferente, como se Desdêmona, mesmo antes da intervenção de Iago, fosse a perda, bem como o ganho, para um soldado anteriormente íntegro. Muitos críticos observaram o sentimento de pesar de Otelo, quando, no ato I, ele menciona ter trocado a "vida livre sob o céu" por seu amor à "gentil Desdêmona". Ao pensarmos nele em sua glória, lembramos de quando põe fim a uma briga de rua com uma fala de prodigiosa autoridade: "Guardai vossas espadas reluzentes, que o orvalho vai enferrujá-las". "Embainhai as espadas ou morrereis" seria uma interpretação redutiva, porém Otelo, em seu apogeu, desafia a redução, e uma interpretação mais completa haveria de enfatizar a tranquilidade e a grandeza desse temperamento esplendidamente militar. De que modo tão ampla e imponente autoridade degenera com tanta rapidez num equivalente do Malbecco de Spenser? Tal como Malbecco, Otelo esquece que é um homem, e seu nome, com efeito, se torna Ciúme. Em Hawthorne, o ciúme se muda em Satã, depois de ter sido Chillingworth, ao passo que, em Proust, primeiro Swann e depois Marcel transformam-se em historiadores da arte cujo tema é o ciúme, isto é, estudiosos obsessivos buscando desesperadamente todo pormenor visual da traição. O ciúme enganoso de Freud supõe a homossexualidade reprimida e parece inaplicável a Otelo, embora não de todo a Iago. O ciúme em Shakespeare — fonte para sua aparição em Hawthorne, Proust e Freud — é uma máscara para o medo da morte, pois o que o amante ciumento receia é que não haja tempo ou espaço suficiente para si mesmo. Um dos esplendores peculiares do *Otelo* é que não podemos compreender o ciúme tardio de Otelo sem antes compreender a inveja primal que Iago nutre por Otelo, que se encontra no centro oculto do drama.

Frank Kermode curiosamente diz que "a ética naturalista de Iago [...] é uma versão corrompida de Montaigne", juízo que Ben Johnson poderia ter acolhido com satisfação, mas que acho estranho a Shakespeare. A versão de Iago não é naturalista, mas sim, em toda a literatura, a versão mais violenta de um ideólogo da falácia redutiva, que pode ser definida como a crença de que aquilo que é mais real sobre nós é a pior coisa que possivelmente pode ser verdadeira a nosso respeito. "Diga-me como ele, ou ela, *realmente* é", insiste o reducionista, quando quer dizer: "Diga-me a pior coisa que puder". Provavelmente, o reducionista não suporta ser enganado, e, assim, torna-se um profissional da impostura.

Iago é o porta-estandarte de Otelo, um oficial graduado, experiente e corajoso no campo de batalha, como temos toda razão para supor. "Não sou o que sou" é o seu *motto* desalentador, inesgotável à meditação, que apenas superficialmente traz ecos do "Eu sou o que sou" de são Paulo. "Eu sou aquele que sou" é o nome de Deus em resposta à indagação de Moisés, e reverbera obscura e antiteticamente em "não sou o que sou". Deus estará onde e quando estiver, presente ou ausente conforme Sua escolha. Iago é o espírito que não estará, o espírito da ausência, negatividade pura. Desde o começo sabemos, portanto, por que Iago odeia Otelo, que é a presença mais marcante, o ser mais pleno no mundo de Iago, sobretudo na batalha. A raiva se faz de empírica, mas é ontológica e, por conseguinte, insaciável. Se o eros platônico é o desejo do que não se obteve, então a raiva de Iago é o impulso de destruir o que não se obteve. Estremecemos quando Otelo enfurecido jura morte a Desdêmona, um "adorável demônio", e promove Iago a seu tenente, pois Iago soberbamente responde "Sou teu para sempre", e quer dizer o contrário: "Agora, também tu és uma ausência".

Passo a passo, Iago cai em seu próprio hiato de ser, modificando-se à medida que a si próprio ouve tramar, improvisando um drama que deve destruir o dramaturgo bem como seus protagonistas:

> *Quem diz, pois, que o meu papel é de vilão,*
> *Quando o conselho que dou é gratuito, honesto*
> *E razoável, na verdade, o único meio*
> *De subjugar o Mouro novamente? Pois é mais fácil*
> *A complacente Desdêmona conquistar*
> *Em toda súplica honesta. Ela é de natureza tão generosa*
> *Quanto a partilha dos elementos. Sendo assim,*
> *Para ela é fácil vencer o Mouro — embora para ele custe renunciar*
> > *[ao seu batismo,*
> *Aos símbolos e selos do pecado redimido;*
> *A alma dele se acha tão presa à dela*
> *Que ela pode fazer e desfazer, conforme*
> *O seu capricho de brincar de Deus*
> *Com o poder que ele tem sobre o corpo e a mente. Como sou, pois,*
> > *[um vilão,*
> *Para aconselhar a Cássio o meio paralelo*
> *Que conduz direto ao bem dele? Divindade do inferno!*

Quando os demônios querem valer-se de pecados os mais negros
Eles os sugerem, a princípio, sob aparência celestial
Como ora faço; pois enquanto esse imbecil honesto
Rogar a Desdêmona que lhe repare a fortuna,
E ela, veemente, suplicar ao Mouro por ele,
Deitarei tal pestilência em seu ouvido —
A de que, pela luxúria do seu corpo,
Ela intercede em favor dele,
E, quanto mais ela se empenhar em lhe fazer o bem,
Mais porá a perder o crédito junto ao Mouro.
Assim, mudarei em pez sua virtude,
E da sua própria bondade hei de fazer
A rede que a eles todos prenderá.*

Harold C. Goddard chamou Iago de "piromaníaco moral", e podemos assistir a Iago ateando fogo a si próprio do começo ao fim da peça, mas sobretudo nessa fala. Acho que Goddard, crítico profundamente engenhoso, apreendeu a essência de Iago quando viu que ele sempre esteve em guerra, transformando cada encontro, cada momento, num ato de destruição. A guerra é a máxima falácia redutiva, pois, a fim de matarmos nosso

---

* And what's he then that says I play the villain,/ When this advice is free I give, and honest,/ Probal to thinking, and indeed the course/ To win the Moor again? For 'tis most easy/ Th'inclining Desdemona to subdue/ In any honest suit, she's fram'd as fruitful/ As the free elements. And then for her/ To win the Moor, were't to renounce his baptism,/ All seals and symbols of redeemed sin,/ His soul is so enfetter'd to her love,/ That she may make, unmake, do what she list,/ Even as her appetite shall play the god/ With his weak function. How am I then a villain,/ To counsel Cassio to this parallel course,/ Directly to his good? Divinity of hell!/ When devils will the blackest sins put on,/ They do suggest at first with heavenly shows,/ As I do now, for whiles this honest fool/ Plies Desdemona to repair his fortune,/ And she for him pleads strongly to the Moor,/ I'll pour his pestilence into his ear —/ That she repeals him for her body's lust,/ And by how much she strives to do him good,/ She shall undo her credit with the Moor./ So I will turn her virtue into pitch,/ And out of her own goodness make the net/ That shall enmesh them all.

inimigo, temos de acreditar no pior que se pode crer acerca dele. O que muda à medida que Iago dá ouvidos a si próprio é que ele perde a perspectiva, porque sua retórica se isola ao consumir o contexto. O isolamento, nos diz Freud, é a garantia do compulsivo de que a coerência do pensamento dele não será interrompida. Iago introduz intervalos de monólogos a fim de defender-se da própria percepção da mudança em si mesmo e, assim, ironicamente intensifica a própria transformação em algo totalmente diabólico. Tal como os monólogos de Ricardo III de Shakespeare, os de Iago são desvios que provêm do divino "Eu sou aquele que sou", passam pelo "Eu não sou o que sou" e se encaminham para o "Eu não sou", negação que se eleva a uma apoteose.

O colapso de Otelo aumenta em dignidade e pungência quando adquirimos plena consciência da consumada negatividade de Iago, guerra perpétua. Nenhum crítico precisa tomar Otelo por estúpido, pois Otelo não é a encarnação da guerra, sendo o guerreiro sensato e honroso que é. Ele é peculiarmente vulnerável a Iago precisamente porque Iago é seu porta-estandarte, aquele que lhe protege a insígnia e a reputação durante a batalha, comprometido a morrer em vez de consentir que a bandeira lhe seja tomada. O equivalente dele aos monólogos de Iago é uma comovente elegia ao ser, um adeus à guerra como uma ocupação válida porque limitada.

> *Eu fora feliz, mesmo que todo o acampamento,*
> *Os sapadores e todos os demais tivessem usufruído seu doce*
> *[corpo,*
> *Contanto que nada houvesse sabido. Oh, agora para sempre*
> *Adeus à mente tranquila! adeus, contentamento!*
> *Adeus às tropas de penacho e às grandes guerras*
> *Que fazem da ambição uma virtude! oh, adeus!*
> *Adeus, cavalos relinchantes, trombetas estridentes,*
> *Tambor que move o espírito, pífaro ensurdecedor,*
> *Orgulho, pompa e cerimônia da guerra gloriosa!*
> *E vós, ó instrumentos mortais, cujas gargantas toscas*

Imitam os terríficos clamores de Jove!
*Adeus! a ocupação de Otelo aqui termina.**

"Orgulho, pompa e cerimônia da guerra gloriosa" deu lugar à guerra incessante de Iago contra o ser. Otelo, nos limites de sua ocupação, possui a grandeza do herói trágico. Iago rompe esses limites a partir de dentro, do próprio campo de batalha e, desse modo, Otelo não tem oportunidade nenhuma. Tivesse o ataque vindo do mundo exterior ao domínio da guerra, Otelo poderia ter conservado alguma coerência, e tombado em nome da pureza das armas. Shakespeare, cortejando uma poética da dor, não podia permitir a seu herói essa consolação. Otelo, diferentemente de Iago, não dispõe de um contexto bíblico que lhe confira coerência, mesmo que seja negativa. Com perspicácia, Shakespeare em seguida conferiu esse contexto a Lear, ao invocar de modo sutil o Livro de Jó.

Uma comparação entre as desgraças de Jó e as de Lear conduz a algumas conclusões surpreendentes acerca da sobrenatural capacidade de persuasão da representação shakespeariana, uma arte cujos limites ainda estamos por descobrir. Essa arte nos convence de que Lear exposto à tormenta, sob o céu aberto da charneca, é uma personagem deliberadamente jobiana. Passar de rei da Grã-Bretanha a fugitivo em campo aberto, castigado pelo clima implacável e traído por filhas ingratas, é na verdade um destino indesejável, mas seria ele

* I had been happy, if the general camp,/ Pioners and all, had tasted her sweet body,/ So I had nothing known. O now, for ever/ Farewell the tranquil mind! farewell content!/ Farewell the plummed troops and the big wars/ That makes ambition virtue! O, farewell!/ Farewell the neighing seed and the shrill trump,/ The spirit-stirring drum, th'ear-piercing fife,/ The royal banner, and all quality,/ Pride, pomp, and circumstance of glorious war!/ And O you mortal engines, whose rude throats/ Th'immortal Jove's dread clamors counterfeit,/ Farewell! Othello's occupation's gone.

verdadeiramente jobiano? Jó, afinal, experimenta uma sublimidade ainda mais horrível; seus filhos e filhas, servos, rebanho, camelos e casas são todos consumidos por chamas satânicas, e seu tormento físico pessoal transcende em muito o de Lear — sem mencionar o fato de que ele ainda suporta sua mulher, ao passo que nós na verdade nunca ouvimos coisa alguma sobre a senhora de Lear, que surpreendentemente dá à luz monstros vindos das profundezas, nas figuras de Goneril e Regan, mas também Cordelia, alma em beatitude. O que teria dito a mulher de Lear, tivesse ela acompanhado até a charneca seu real esposo? Em todo caso, não o que diz a mulher de Jó, na Bíblia de Genebra: "Ainda em tua integridade? Blasfema contra Deus, e morre".

Parece provável que Shakespeare pretendesse que sua plateia considerasse Jó como o exemplo modelar para a situação de Lear (embora não para o próprio Lear), baseando-se em um sistema de alusões no drama. As metáforas que associam os seres humanos a vermes e ao pó estão presentes de maneira notável em ambas as obras. O próprio Lear provavelmente pensa em Jó quando, desesperado, afirma: "Serei o modelo de toda paciência", uma terrível ironia, considerando-se a natureza ferozmente impaciente do rei. Jó é o homem probo entregue ao Acusador, mas Lear é um rei cego que não conhece a si mesmo nem às filhas. Conquanto Lear sofra a fúria da tormenta, ele não é semelhante a Jó nos seus padecimentos iniciais (os quais ele exagera bastante) ou no relacionamento que mantém com o divino. É uma outra indicação da intensa originalidade de Shakespeare o fato de ele nos persuadir da dignidade de Jó e da grandeza das primeiras aflições de Lear, mesmo que, num grau considerável, elas sejam causadas pelo próprio Lear, em agudo contraste com a absoluta inocência de Jó. Quando Lear afirma ser um homem que é mais vítima do que pecador, tendemos a acreditar nele, porém, naquela altura, isto seria verdadeiro?

É verdadeiro apenas prolepticamente, na profecia — mas, de novo, esta é a surpreendente originalidade de Shakespeare, fundada na representação da mudança iminente, mudança que em Lear se dá por meio de sua atenção e reflexão sobre o que ele próprio fala em voz alta em sua fúria crescente. Ele entra na cena da tempestade na charneca ainda gritando de ódio, enlouquece com esse ódio e sai da tempestade com a mudança crucial em pleno andamento dentro dele, cheio de amor paternal pelo bobo da corte e de cuidado para com o suposto louco, Edgar, que personifica Poor Tom. Desse ponto até o final terrível, as constantes mudanças de Lear continuam a ser a mais notável representação de uma transformação humana em qualquer parte da literatura imaginativa.

Mas por que Shakespeare pôs em risco o paradigma de Jó, de vez que Lear, no começo e no fim, é tão diferente de Jó e a peça é tudo menos uma teodiceia? Milton observou que o Livro de Jó era o modelo legítimo para uma "epopeia breve", tal como seu *Paradise regained* [Paraíso reconquistado], mas em que sentido pode ser ele um modelo apropriado para a tragédia? Shakespeare talvez tenha considerado situar *Rei Lear* numa Grã-Bretanha sete séculos antes da época de Cristo, ambientação historicamente mais antiga do que tentou em qualquer outra peça, à exceção da guerra troiana de *Troilus e Cressida*. *Lear* provavelmente não é uma peça cristã, embora Cordelia seja uma personagem eminentemente cristã que afirma cuidar dos negócios de seu pai, numa evidente alusão aos Evangelhos. Mas o Deus cristão e Jesus Cristo não são relevantes ao cosmo do *Rei Lear*. Tão apavorante é a tragédia dessa tragédia que Shakespeare sagazmente a ambienta antes da revelação cristã, no que ele pode ter intuído fosse a época de Jó. Se *Macbeth* é a grande aventura de Shakespeare num cosmo gnóstico (e suponho que tenha sido), então *Rei Lear* arrisca-se a ser, no gênero, uma tragédia mais completa e catastrófica do que qualquer outra, antes ou depois dela.

De maneira estranha, Jó acaba recebendo, em última análise, a recompensa da sua virtude, mas Lear, purificado e elevado, sofre em vez disso o horror do assassinato de Cordelia perpetrado pelos sequazes de Edmund. Suponho, pois, que

Shakespeare invocou o Livro de Jó a fim de ressaltar a absoluta negatividade da tragédia de Lear. Se a mulher de Lear estivesse viva, teria agido bem ao emular com a mulher de Jó e aconselhar o marido a blasfemar contra Deus e morrer. Pragmaticamente, teria sido um destino melhor do que o padecido por Lear no fim da peça.

Pode-se dizer que a intriga secundária de Gloucester opera deliberadamente contra a consciência jobiana que Lear tem da própria singularidade enquanto alguém que sofre; a tragédia dele não será a que ele deseja, pois é menos uma tragédia da ingratidão filial do que de um tipo de niilismo apocalíptico, universal em suas implicações. Não simpatizamos com as desmedidas imprecações de Lear, ainda que estejam cada vez mais relacionadas com seu medo crescente de enlouquecer, que é também seu medo de uma natureza feminina a despertar dentro dele. Por fim, a loucura de Lear, tal como suas maldições, procede da consciência bíblica que ele tem de si próprio; pretendendo ser tudo em si mesmo, ele tem muito medo de que seja nada. Sua obsessão pela própria cegueira parece relacionada com o temor da impotência experimentado por um vitalista que envelhece e, desse modo, com um medo da mortalidade. No entanto, Lear não é apenas um herói velho, nem mesmo apenas um grande rei definhando na loucura e na morte. Shakespeare lhe permite uma dicção mais sobrenaturalmente loquaz do que a dicção em que se exprime qualquer outra personagem neste ou em outro drama, e que, sem dúvida, jamais voltará a ser igualada. Lear é importante porque a linguagem dele é singularmente forte, e porque estamos convencidos de que esse esplendor é totalmente adequado a ele.

A natureza, no drama, é tanto origem como fim, mãe e catástrofe, e deveria ser função de Lear apreender e salvaguardar o meio-termo entre o mundo demoníaco e o domínio dos deuses. Ele fracassa por completo, e a tragédia seguinte engolfa um mundo inteiro, com uma pungência incomparável na literatura.

Entra Lear [enlouquecido, coroado de ervas e de flores].

EDGAR: Mas quem vem lá?
Senso mais seguro nunca há de adornar
Seu senhor dessa maneira.

LEAR: Não, não podem pôr as mãos em mim por ter cunhado moedas; eu sou o próprio Rei.

EDGAR: Oh visão de cortar o coração!

LEAR: Nisso a natureza está acima da arte. Eis aqui teu soldo. Aquele sujeito maneja o arco como um espantalho; atira-me uma flecha dando uma jarda de pano. Olha, um rato! Paz, paz, esse pedaço de queijo passado dará conta do problema; eis minha luva; vou prová-la num gigante. Trazei as alabardas pardacentas. Oh, que belo voo, passarinho! bem no alvo, no alvo — huuu! A senha!

EDGAR: Manjerona doce.

LEAR: Passai.

GLOUCESTER: Conheço essa voz.

LEAR: Ah! Goneril de barba branca? Eles me aduraram como um cão, e me disseram que os pelos brancos na minha barba estavam nela antes dos pretos. Para dizer "sim" e "não" a tudo que eu dizia! "Sim" e "não" também não eram boa teologia. Uma vez, quando a chuva veio me molhar, e o vento me fazer estalejar os dentes; quando o trovão não quis se abrandar ao meu comando — nesse momento, eu descobri, nesse momento eu farejei quem eram. Que se vão! não são homens de palavra; disseram-me que eu era tudo. É mentira, não sou imune à febre intermitente.

GLOUCESTER: Bem me lembro do timbre dessa voz; não é o Rei?

LEAR: Sim, um rei em cada polegada do corpo!
Quando fixo o olhar, vê como tremem os vassalos.
Eu poupo a vida a esse homem. Qual foi o teu crime?
Adultério?
Não morrerás. Morrer por adultério? Não,
A carriça faz isso, e a pequena mosca dourada
Fornica diante dos meus olhos.
Viva a cópula! que o filho bastardo de Gloucester
Foi mais carinhoso com seu pai do que as minhas filhas
Concebidas em meio aos lençóis legais.
Eia, luxúria, desordem! pois preciso de soldados.

84

Enter Lear [mad, crowned with weeds and flowers].

EDGAR: But who comes here?

His master thus.

LEAR: No, they cannot touch me for coining, I am the King himself

EDGAR: O thou side-piercing sight!

LEAR: Nature's above art in that respect. There's your pressmoney. That fellow handles his bow like a crow-keeper, draw me a clothier's yard. Look, look, a mouse! Peace, peace, this piece of toasted cheese will do't. There's my gauntlet, I'll prove it on a giant. Bring up the brown bills. O, well flown, bird! i' th' clout, i' th' clout — hewgh! Give the word.

EDGAR: Sweet marjorum.

LEAR: Pass.

GLOUCESTER: I know that voice.

LEAR: Ha! Goneril with a white beard? They flatter'd me like a dog, and told me I had the white hairs in my beard ere the black ones were there. To say "ay" and "no" to every thing that I said! "Ay", and "no" too, was no good divinity. When the rain came to wet me once, and the wind to make me chatter, when the thunder would not peace at my bidding, there I found'em, there I smelt 'em out. Go to, they are not men o'their words: they told me I was every thing. 'Tis a tie, I am not ague-proof.

GLOUCESTER: The trick of that voice I do well remember; Is 't not the King?

LEAR: Ay, every inch a King!

When I do stare, see how the subject quakes.

I pardon that man's life. What was thy cause?

Adultery?

Thou shalt not die. Die for adultery? No,

The wren goes to't, and the small gilded fly

Does lecher in my sight.

Let copulation thrive; for Gloucester's bastard son

Was kinder to his father than my daughters

Got 'tween the lawful sheets.

To't, luxury, pell mell, for I lack soldiers.

Contemplai aquela dama de sorriso afetado,
Cujo rosto anuncia a neve onde as pernas se encontram;
Que ostenta a virtude, e sacode a cabeça
Ao ouvir o nome do prazer
Nem a doninha nem o cavalo estabulado se entregam
A apetite mais desenfreado.
Da cintura para baixo são centauros,
Embora em cima sejam mulheres;
Mas até a cintura pertencem aos deuses;
Embaixo é tudo dos demônios: lá está o inferno, lá a escuridão,
O poço sulfuroso, incêndio, escaldadeira;
Lá o fedor, a degradação. Vergonha! vergonha! vergonha! Bah, bah!
Dá-me uma onça de almíscar; bondoso boticário,
Aquieta minha imaginação. Eis aqui teu dinheiro.

GLOUCESTER: Oh, deixa-me beijar esta mão!

LEAR: Deixa-me limpá-la primeiro; ela recende a mortalidade.

GLOUCESTER: Ó obra-prima arruinada da natureza! Esse mundo tão grande será reduzido a nada. Vós me conheceis?

LEAR: Lembro-me muito bem de teus olhos. Olhas-me de soslaio? Não, podes tentar, cupido cego; não amarei. Lê esse desafio; não repara senão na caligrafia com que foi escrito.

GLOUCESTER: Mesmo que fossem sóis todas as tuas letras, eu não poderia vê-las.

EDGAR: [à parte] Se me tivessem dito isso, eu não acreditaria; mas é verdade, e o meu coração se parte.

LEAR: Lê.

GLOUCESTER: De que modo? Com as órbitas dos olhos?

LEAR: Oh, é isso o que você quer dizer? Sem olhos em teu rosto, nem dinheiro em tua bolsa? Teus olhos causam pesar, e tua bolsa nada pesa; no entanto, vês como anda este mundo.

GLOUCESTER: Eu o vejo por meio da tristeza que há dentro de mim.

LEAR: O quê? Estás louco? Um homem pode ver como vai indo esse mundo sem ter olhos. Olha com teus ouvidos; vê como aquele juiz ralha com aquele pobre ladrão. Escuta com teu ouvido: troca os lugares, e adivinha em que mão está, qual o juiz, qual o ladrão? Já viste o cão de um fazendeiro ladrar a um mendigo?

GLOUCESTER: Sim, meu senhor.

Behold yond simp'ring dame,
Whose face between her forks presages snow;
That minces virtue, and does shake the head
To hear of pleasure's name
The fitchew nor the soiled horse goes to't
With a more riotous appetite.
Down from the waist they are Centaurs,
Though women all above;
But to the girdle do the gods inherit,
Beneath is all to the fiends': there's hell, there's darkness,
There is the sulphurous pit, burning, scalding,
Stench, consumption. Fie, fie, fie! pah, pah!
Give me an ounce of civet, good apothecary,
Sweeten my imagination. There's money for thee.

GLOUCESTER: O, let me kiss that hand!

LEAR: Let me wipe it first, it smells of mortality.

GLOUCESTER: O ruin'd piece of nature! This great world Shall so wear out to nought. Dost thou know me?

LEAR: I remember thine eyes well enough. Dost thou squiny at me? No, do thy worst, blind Cupid, I'll not love. Read thou this challenge; mark but the penning of it.

GLOUCESTER: Were all thy letters suns, I could not see.

EDGAR: [aside] I would not take this from report; it is, And my heart breaks at it.

LEAR: Read.

GLOUCESTER: What, with the case of eyes?

LEAR: O ho, are you there with me? No eyes in your head, nor no money in your purse? Your eyes are in a heavy case, your purse in a light, yet you see how this world goes.

GLOUCESTER: I see it feelingly.

LEAR: What, art mad? A man may see how this world goes with no eyes. Look with thine ears, see how yond justice rails upon yond simple thief. Hark in thine ears: change places, and handy-dandy, which is the justice, which is the thief? Thou hast seen a farmer's dog bark at a beggar?

GLOUCESTER: Ay, sir.

87

LEAR: E a pobre criatura, a correr do vira-lata? Aí poderás contemplar a imagem imponente da autoridade: um cão a quem se obedece no posto que ocupa.

Tu, oficial velhaco, detém tua mão ensanguentada!

Por que açoitas essa prostituta? Desnuda tuas próprias costas.

Tu ardes de desejo de cometer com ela

A transgressão pela qual a chicoteias. O usurário enforca o impostor.

Os menores vícios se mostram através dos rasgos das roupas;

Togas e becas de arminho escondem tudo. Arma o pecado de ouro,

E a mais forte lança da justiça se quebra, inofensiva.

Arma-o de farrapos, e a palha de um pigmeu o transpassa.

Ninguém comete falta, ninguém, digo ninguém — eu respondo por isso.

Acredita em mim, meu amigo, que tenho a capacidade

De selar o lábio do acusador. Arruma olhos de vidro

E, como um político abjeto, finge

Ver coisas que não vês. Ora, ora, ora, ora.

Tira-me as botas; mais força, mais força! — assim.

EDGAR: [*à parte*] Oh, que mistura de bom senso e de incoerência! A razão na loucura.

LEAR: Se queres chorar minha sorte, toma meus olhos.

Eu te conheço muito bem; teu nome é Gloucester.

Deves ser paciente; chegamos aqui chorando.

Bem sabes; a primeira vez que aspiramos o ar,

Vagimos e choramos. Vou fazer uma prédica, presta atenção.

[*Lear despe-se da coroa de ervas e de flores.*]

GLOUCESTER: Ai, que dia triste!

LEAR: Quando nascemos, choramos por ter vindo

A este imenso palco de loucos — esta é uma boa fôrma de chapéu.

Seria um engenhoso estratagema ferrar

Com feltro uma tropa de cavalos. Vou experimentar,

E, quando tiver surpreendido meus genros,

Aí vai ser matar, matar, matar, matar, matar, matar!

LEAR: And the creature run from the cur? There thou mightst behold
the great image of authority: a dog's obey'd in office.
Thou rascal beadle, hold thy bloody hand!
Why dost thou lash that whore! Strip thy own back,
Thou hotly lusts to use her in that kind
For which thou whip'st her. The usurer hangs the cozener.
Thorough tatter'd clothes small vices do appear;
Robes and furr'd gowns hide all. Plate sin with gold,
And the strong lance of justice hurtless breaks;
Arm it in rags, a pigmy's straw does pierce it.
None does offend, none, I say none, I'll able 'em.
Take that of me, my friend, who have the power
To seal th' accuser's lips. Get thee thy glass eyes,
And like a scurvy politician, seem
To see things thou dost not. Now, now, now, now.
Pull off my boots; harder, harder — so.
EDGAR: [aside] O, matter and impertinency mix'd,
reason in madness!
LEAR: If thou wilt weep my fortunes, take my eyes.
I know thee well enough, thy name is Gloucester.
Thou must be patient, we came crying hither.
Thou know'st, the first time that we smell the air
We waw! and cry. I will preach to thee. Mark.

[*Lear takes off his crown of weeds and flowers.*]

GLOUCESTER: Alack, alack the day!
LEAR: When we are born, we cry that we are come
To this great stage of fools. — This' a good block.
It were a delicate stratagem, to shoe
A troop of horse with felt. I'll put't in proof,
And when I have stol'n upon these sonin-laws,
Then kill, kill, kill, kill, kill, kill!

Kermode com justiça observa a respeito dessa cena que ela é a um só tempo o mais audacioso produto da imaginação de Shakespeare e carece por completo de função narrativa. Na verdade, falta-lhe, a rigor, toda função, e a tragédia não necessita dela. Não inferimos a necessidade: a linguagem poética nunca foi além. Edgar, que em certa ocasião fingiu loucura, começa por observar que o "senso mais seguro" ou a mente sã não pode se adaptar à visão da máxima autoridade paterna tendo enlouquecido. Mas "senso mais seguro" aqui também diz respeito à visão, e a cena inteira é uma devastação organizada em torno das imagens duais da faculdade de ver e da paternidade, imagens unidas e, no entanto, também separadas durante toda a peça. A visão que corta o coração de Edgar é intolerável a um herói sereno, cuja única missão foi preservar a imagem da autoridade de seu pai. Este, o cego Gloucester, reconhecendo a autoridade pela voz, lamenta o rei ensandecido como sendo este a obra-prima arruinada da natureza, e vaticina que loucura semelhante haverá de consumir o mundo inteiro e reduzi-lo a nada. A profecia se cumprirá na cena final do drama, mas é adiada de maneira que a possa manter o reino da "razão na loucura", ou visão na cegueira. O *pathos* transcende todos os limites na intensa e rápida passagem de Lear à sanidade, quando ele brada a Gloucester, e a todos nós: "Se queres chorar minha sorte, toma meus olhos".

Dificilmente o modelo de toda paciência, Lear no entanto adquiriu a força persuasiva para dizer a Gloucester: "Deves ser paciente". O que se segue, contudo, é uma versão não jobiana mas shakespeariana da Sabedoria de Salomão 7:3 e 6 ("Ao nascer, respirei o ar comum e fui posto sobre a terra que todos os homens trilham; e o primeiro som que emiti, como todos, foi um grito de choro [...] pois todos vêm à vida por uma única vereda, e por uma única vereda novamente saem dela"). Isso mantém a essência da profecia do drama: "Chegamos aqui chorando" e "Quando nascemos, choramos por ter vindo/ A esse imenso palco de loucos". Esse grande tropo teatral abrange todos os sentidos de que a peça reveste a palavra *fool*: ator, ser

90

moral, idealista, criança, querido, louco, vítima, pessoa que diz a verdade. Como observa Northrop Frye, as únicas personagens no *Rei Lear* que não são loucas são Edmund, Goneril, Regan, Cornwall e seus seguidores.

O próprio bobo [*fool*] de Lear sofre uma transformação sutil à medida que o drama se consome, passando de oráculo de sabedoria interdita a criança assustada, até que, por fim, ele simplesmente desaparece, como se se fundisse na identidade de Cordelia morta, quando o desolado Lear grita: "E o meu pobre bobo está enforcado!". Ainda mais sutil é a transformação surpreendente da consciência mais interessante da peça, o bastardo Edmund, o vilão mais intensamente teatral de Shakespeare, que ultrapassa até mesmo Ricardo III e Iago. Edmund, tão teatral quanto Barrabás, o Judeu de Malta de Marlowe, quase poderia ser um retrato irônico do próprio Christopher Marlowe. Enquanto o mais puro e mais frio Maquiavel na história do palco, pelo menos até saber que recebeu seu ferimento mortal, Edmund é tanto um Satã notavelmente extravagante e encantador quanto um ser com real consciência de si mesmo, o que o faz particularmente perigoso num mundo governado por Lear, que sempre conheceu pouco de si próprio, como observa Regan.

A metamorfose misteriosa e tardia de Edmund à medida que a peça se aproxima do fim, um movimento que vai de representar a si mesmo para ser ele mesmo, gira em torno de suas complexas reações à sua cisma fatal: "No entanto Edmund foi amado". É peculiarmente chocante e patético que suas amantes fossem Goneril e Regan, monstros que demonstraram seu amor por meio do suicídio e do assassínio, porém Shakespeare parece ter desejado dar-nos uma exibição virtuosística de sua arte original ao mudar o caráter mediante a representação de uma interioridade crescente. Afrontosamente agradável na sua maldade máxima (Edgar é um maçador virtuoso em comparação com ele), Edmund é o mais atraente dos heróis-vilões jacobinos, e inevitavelmente cativa tanto Goneril como Regan, evidentemente com esforço bem diminuto. A perigosa atração que exerce é uma das principais pistas não exploradas dos enigmas da

91

mais sublime realização de Shakespeare. Que Edmund tenha entusiasmo, uma exuberância que convém ao seu papel de filho natural, é apenas parte do que é dado. Sua inteligência e sua vontade são mais importantes para ele, e obscurecem as significações do *Rei Lear*.

Ferido de morte por seu irmão Edgar, Edmund sucumbe ao destino: "A roda completou a volta; estou aqui". Onde ele não está é na "roda de fogo" de Lear, em um lugar de loucura redentora. Não só Edmund e Lear não trocam uma única palavra no decorrer deste vasto drama, mas é um desafio à nossa imaginação conceber o que poderiam dizer um ao outro. Não são apenas as complexidades do enredo duplo que mantêm Edmund e Lear separados; eles não têm uma linguagem em comum. Frye salienta que a "natureza" assume sentidos antitéticos em Lear e Edmund, com referência ao outro, e isso pode ser estendido à compreensão de que Lear, a despeito de todas as suas faltas, é incapaz do engano, enquanto Edmund é incapaz de qualquer tipo de paixão honesta. Amando a Goneril e a Regan, ele é passivo frente a ambas, e se comove com a morte das duas, apenas para refletir sobre o que para ele é a realidade extraordinária de que alguém, por mais monstruoso que fosse, pudesse tê-lo amado.

Por que ele se corrige, embora tardia e ineficazmente, pois, de qualquer maneira, Cordelia é assassinada; e o que devemos fazer com o seu retorno final à luz? A primeira reação de Edmund às notícias da morte de Goneril e de Regan é o impiedosamente desapaixonado "Eu estava comprometido com as duas; agora, num instante, casamo-nos os três", o que identifica a morte e o matrimônio como um único ato. No momento mesmo do arrependimento, Edmund desesperadamente diz: "Suspiro pela vida; pretendo fazer algo de bom, apesar da minha natureza". Isso não significa que a natureza deixou de ser sua deusa, mas, antes, que ele afinal foi tocado pelas imagens da união ou da solicitude, estejam estas tão distantes quanto o zelo de Edgar por Gloucester ou quanto a ânsia escarniçadamente competitiva de Goneril e de Regan pela pessoa dele.

Concluo voltando à minha suposição extravagante de que o Edmund faustiano não é apenas declaradamente marlowiano, mas, na verdade, talvez seja o retrato encantado mas prudente de Shakespeare de elementos do próprio Christopher Marlowe. Edmund representa o caminho que não se deve tomar e, no entanto, é a única personagem em *Rei Lear* que se sente verdadeiramente à vontade no seu cosmo apocalíptico. A roda completou a volta para ele, mas ele trouxe à luz sua cena noturna, e foi o que fez de melhor.

Falstaff é para o mundo das histórias o que Hamlet é para o das tragédias, *a* representação problemática. Falstaff e Hamlet nos apresentam a questão: de que modo preciso a representação shakespeariana difere de tudo que veio antes dela, e como desde então ela sobredeterminou as nossas expectativas da representação?

O destino de Falstaff no mundo da cultura e da crítica foi quase sempre desolador, e não vou resumi-lo aqui. Sobre Falstaff, prefiro Harold Goddard a qualquer outro comentador, apesar de estar ciente de que Goddard parece tê-lo sentimentalizado e até mesmo idealizado. Isto ainda é melhor do que a interminável litania que absurdamente propõe Falstaff como sendo o Vício, o Adulador, o Louco, o Soldado Fanfarrão, o Glutão Corrupto, o Sedutor de Jovens, o Covarde Mentiroso e tudo o mais que não haveria de garantir para a maior inteligência em toda a literatura um título acadêmico honorário em Yale ou um lugar no conselho da Fundação Ford.

Falstaff, em Shakespeare mais do que em Verdi, é bem o que Nietzsche tragicamente tentou e não conseguiu representar em seu Zaratustra: uma pessoa sem superego, ou, deveria dizer, Sócrates sem *daimon*. Talvez ainda mais, Falstaff não é o Sancho Pança de Cervantes, mas a figura exemplar da parábola de Kafka "A verdade sobre Sancho Pança". O Sancho Pança de Kafka, um homem livre, afastou de si seu *daimon* por meio de muitas doses noturnas de romances de cavalaria (nos dias de hoje, tratar-se-ia de ficção científica). Apartado de Sancho, seu verdadeiro objeto, o *daimon* se transforma no inofensivo Dom Quixote, cujos desastres revelam-se entretenimento edificante para o Sancho "filosófico", que passa a seguir seu *daimon* errante por um sentimento de responsabilidade. A "falha" de Falstaff, se se pode chamar assim, foi ter se apaixonado não por seu próprio *daimon*, mas por seu filho de má índole, Hal, que na verdade revelou-se filho de Bolingbroke. O cavaleiro espirituoso deveria ter divertido o próprio *daimon* com as comédias shakespearianas, e ter seguido filosoficamente o *daimon* até a floresta de Arden.

Falstaff não é nem bom nem mau o bastante para florescer no mundo das peças históricas. Só que ele está além, necessariamente, não apenas do bem e do mal, mas também da causa e do efeito. Monista maior do que o jovem Milton, Falstaff joga com o dualismo, em parte a fim de zombar de todos os dualismos, seja cristão, platônico ou até mesmo o dualismo freudiano que ele antecipa e em certo sentido refuta.

Falstaff incitou o melhor de todos os críticos, dr. Johnson, à opinião de que "ele não possui nada que se possa admirar". George Bernard Shaw, talvez por inveja, chamou Falstaff de "velho miserável enfatuado e repugnante". No entanto, o único rival de Falstaff em Shakespeare é Hamlet; ninguém mais, como observou Oscar Wilde, possui consciência tão ampla. A própria representação mudou de forma permanente por causa de Hamlet e de Falstaff. Dou início com aquela que é a minha preferida entre todas as observações de Falstaff, não fosse por outro motivo que o de plagiá-la diariamente: "Ó, tu fazes citações condenáveis, e em verdade és capaz de corromper um santo: tens-me feito muito mal, Hal; Deus te perdoe por isso: antes de te conhecer, Hal, eu nada sabia, e agora sou, se devo falar a verdade, pouco mais do que um dos perversos".

W. H. Auden, cujo Falstaff era essencialmente o de Verdi, acreditava ser o cavaleiro "um símbolo cômico para a ordem sobrenatural da caridade", e, desse modo, um deslocamento de Cristo para o mundo da inteligência. O encanto dessa interpretação, embora considerável, negligencia a maior qualidade de

Falstaff: sua imanência. Ele é uma representação tão imanente quanto Hamlet é transcendente. Melhor do que qualquer formulação de Freud, Falstaff perpetuamente mostra-nos que o ego na verdade é sempre um ego corporal. E o ego corporal é sempre vulnerável, e Hal, na verdade, fez muito mal a ele, e ainda fará muito pior, e necessitará de perdão, embora nenhuma plateia sensível jamais o perdoe. Falstaff, como Hamlet, e como o bobo de Lear, fala com sinceridade, e Falstaff continua a ser, a despeito de Hal, bem melhor do que um dos perversos, ou dos bondosos.

Pois o que é a imanência suprema no que se poderia chamar de ordem da representação? Este é outro modo de perguntar de novo: não seria Falstaff, assim como Hamlet, uma representação tão original que dá origem a muito daquilo que conhecemos ou esperamos da representação? Não podemos perceber o quanto Falstaff é original, porque Falstaff nos contém; nós não o contemos. E, embora amemos Falstaff, ele não necessita do nosso amor, como Hamlet tampouco. Sua tristeza é que ele ama Hal mais do que Hamlet ama Ofélia, ou mesmo Gertrude. O Hamlet do ato V se encontra além do amor a qualquer pessoa, mas isso é um dom (se é que é um dom) resultante da transcendência. Quem habita plenamente este mundo, e é, como Falstaff, uma entidade difusa, ou, como diria Freud, "um forte egoísmo", tem de começar a amar, como também diz Freud, a fim de não cair doente. Mas o que aconteceria se o forte egoísmo não fosse atormentado pelo ideal do ego, e se nunca fosse observado nem vigiado pelo que está acima do ego? Falstaff *não* está sujeito a um poder que observa, descobre e critica todas as suas intenções. À exceção de seu único e mal direcionado amor, Falstaff é livre, é a liberdade em si mesma, porque parece livre do superego.

Por que Falstaff (e não sua paródia nas *Alegres comadres de Windsor*) se introduz nas peças históricas em vez de nas comédias? Começar é ser livre, e não podemos começar com renovado vigor na comédia, tampouco na tragédia. Ambos os gêneros são romances familiares, pelo menos em Shakespeare. A história, em Shakespeare, dificilmente é o gênero da liberdade para reis e nobres, mas é para Falstaff. Como e por quê? Falstaff é, obviamente, sua própria mãe e seu próprio pai, gerado por meio da inteligência pelo capricho. Idealmente, ele não quer nada exceto a plateia, a qual ele tem sempre; quem poderia observar mais alguém no palco quando Ralph Richardson representava Falstaff? Não de maneira tão ideal, ele evidentemente quer o amor de um filho, e investe em Hal, o objeto impossível. Mas, essencialmente, ele tem o que deve ter, o fascínio da plateia com a imagem máxima da liberdade. Seu precursor em Shakespeare não é Puck nem Bottom, porém Faulconbridge, o Bastardo, em *Vida e morte do rei João*. Cada qual tem um modo de proporcionar um coro demoníaco que torna banais todas as alterações e intrigas reais e nobres. No *Rei João*, o Bastardo, sincero como seu pai Ricardo Coração de Leão, não é uma inteligência perversa, mas seu respeito pela verdade profetiza de maneira brutal a função de Falstaff.

Há quase tantos Falstaffs quanto críticos, o que, provavelmente, é como deveria ser. Esses Falstaffs em proliferação tendem a ser aviltados ou idealizados, talvez novamente de modo inevitável. Um dos mais ambíguos Falstaffs foi criado pelo falecido William Empson: "Ele é um escandaloso homem da classe alta, cujo comportamento constrange sua classe e por essa razão agrada à classe inferior presente na plateia, como um 'desmascaramento'". Para Empson, Falstaff foi também um nacionalista e um Maquiavel, "e tinha perigosa parcela de poder". Empson compartilhou do palpite de Wyndham Lewis de que Falstaff era homossexual e, provavelmente, cobiçou Hal com ardor (sem dúvida em vão). Para completar esse retrato, Empson acrescenta que Falstaff, sendo tanto um aristocrata como um líder da plebe, era "um tipo familiar perigoso", uma espécie de Alcibíades, presume-se.

Diante de um Falstaff tão ambíguo, retorno à sublime retórica do cavaleiro, que interpreto de modo bem diverso, pois o poder de Falstaff não me parece em absoluto um problema de classe, sexualidade, política, nacionalismo. Trata-se do poder: *pathos* sublime, *potentia*, o impulso pela vida, por mais vida, a todo e qualquer preço. Proporei que Falstaff não é uma sinédoque nobre nem uma grande hipérbole, mas, antes, uma metalepse ou um estratagema astucioso, para usar a denominação de Puttenham. Existir sem um superego é ser uma trajetória solar, um fulgor sempre matinal que o Zaratustra de Nietzsche, no seu anticlímax, não conseguiu ser. "Tente viver como se fosse manhã", aconselha Nietzsche. Falstaff não necessita do conselho, como descobrimos ao encontrá-lo pela primeira vez:

FALSTAFF: Hal, em que momento do dia estamos, rapaz?
PRÍNCIPE: Tens o espírito tão embrutecido à força de beber do velho seco, de te desabotoares depois da ceia, e de fazeres a sesta nos bancos, que esqueceste de perguntar em verdade aquilo que querias verdadeiramente saber. Que diabo tens que ver com o momento do dia? A não ser que as horas sejam copos de seco; e os minutos, capões; os relógios, línguas de alcoviteiras; os mostradores, as tabuletas dos bordéis; e o próprio Sol abençoado, uma bela e quente rameira vestida de tafetá cor de fogo — não vejo razão para seres tão supérfluo a ponto de perguntar pela hora do dia.*

Suponho que a espiritualidade, aqui, continue com Falstaff, que não é apenas espirituoso em si mesmo, mas a causa do espírito em seu efebo, o príncipe Hal, que zomba de seu mestre, mas segundo a própria atitude e as maneiras exuberantes do mestre. Talvez haja um duplo sentido quando Falstaff abre sua réplica com "Na verdade, tu te aproximaste de mim agora, Hal", já que próximo é tão perto quanto o príncipe pode chegar quando imita o mestre. Mestre daquela que é a pergunta crucial, respondida

---

* FALSTAFF: Now, Hal, what time of day is it, lad?
PRINCE: Thou art so fat-witted with drinking of old sack, and unbuttoning thee after supper, and sleeping upon benches after noon, that thou hast forgotten to demand that truly which thou wouldst truly know. What a devil hast thou to do with the time of the day? Unless hours were cups of sack, and minutes capons, and clocks the tongues of bawds, and dials the signs of leaping-houses, and the blessed sun himself a fair hot wench in flame-coloured taffeta, I see no reason why thou shouldst be so superfluous to demand the time of day.

em geral de maneira tão insatisfatória. Adotar a postura da maioria dos estudiosos de Shakespeare é associar Falstaff a: "tão desordenados e vis desejos,/ Tão pobres, tão grosseiras, tão sórdidas, tão lascivas ocupações,/ Tão estéreis prazeres, rude companhia" [*such inordinate and low desires,/ Such poore, such bare, such lewd, such mean atempts./ Such barren pleasures, rude society*]. Cito o rei Henrique IV, o usurpador ofendido, cuja descrição da aura de Falstaff dificilmente é reconhecível à plateia. Em vez disso, reconhecemos: "Fingir? Minto, nada tenho de fingido; morrer é que é uma falsificação, pois não passa de falsificação de um homem aquele que não tem a vida de um homem: mas fingir de morto, quando um homem por esse modo vive, não é falsificação, mas a verdadeira e perfeita imagem da vida" [*Counterfeit? I lie, I am no counterfeit; to die is to be a counterfeit, for he is but the counterfeit of a man, who hath not the life of a man: but to counterfeit dying, when a man thereby liveth, is to be no counterfeit, but the true and perfect image of life himself*]. Como diz Falstaff com propriedade, ele salvou sua vida ao falsear a morte, e provavelmente os críticos moralistas haveriam de se regozijar tivesse o pouco estimável cavaleiro sido assassinado por Douglas, "aquele escocês brigalhão de sangue quente".

Verdadeira e perfeita imagem da vida, Falstaff confirma sua verdade e perfeição ao falsear a morte e, assim, eludi-la. Embora inclinado a parodiar os pregadores puritanos, Falstaff tem uma autêntica obsessão pela parábola medonha do homem rico e de Lázaro em Lucas 16. Certo homem rico, um glutão vestido de púrpura, é comparado com o mendigo Lázaro, que desejava "ser alimentado com as migalhas que caíam da mesa do homem rico: de mais a mais, os cães vieram e lamberam-lhe as chagas". Tanto o glutão como o mendigo morrem, mas Lázaro é levado ao seio de Abraão, e o glutão purpúreo, ao inferno, de onde implora, em vão, que Lázaro venha e lhe refresque a língua. Falstaff encara Bardolfo, seu Cavaleiro da Lanterna Acesa, e afirma: "Nunca olho para teu rosto sem pensar no fogo do inferno, e no homem rico vestido de púrpura; pois lá está ele em seus trajes, a arder, a arder". Deparando com seus 150 pródigos cobertos de farrapos, à medida que ele os faz marchar para serem buchas de canhão, Falstaff os chama de "escravos tão esfarrapados quanto Lázaro nas tapeçarias bordadas, onde os cães do glutão lambiam-lhe as chagas". Em *Henrique IV,* parte II, a primeira fala de Falstaff de novo retorna a esse texto terrível, ao reclamar de alguém que lhe nega confiança: "Que ele seja condenado como o glutão! Queira Deus que sua língua queime ainda mais". A despeito das ironias abundantes na invocação do homem rico por Falstaff, o Glutão, Shakespeare inverte o Novo Testamento, e Falstaff termina, como Lázaro — e talvez como Hamlet —, no seio de Abraão, conforme o testemunho convincente da senhora Quickly em *Henrique V,* em que Arthur Britishly substitui Abraão: "Não, por certo ele não está no inferno; ele está no seio de Arthur, se é que algum homem já foi ao seio de Arthur".

Ao morrer, Falstaff é uma criança recém-batizada, inocente de toda mácula. O padrão de alusões a Lucas sugere um cruzamento com Falstaff, rejeitado, um pobre Lázaro de joelhos diante do homem rico vestindo a púrpura real de Henrique V. Para um crítico moralista, isto é ultrajante, mas Shakespeare faz truques mais estranhos com os textos bíblicos. Aproximem-se os dois momentos:

FALSTAFF: Meu rei! meu Júpiter! contigo falo, coração meu!
REI: Não te conheço, velhote; vai fazer tuas orações.
Como assentam mal os cabelos brancos num louco e num bufão!
Durante muito tempo, sonhei com um homem assim,
Inchado pelos excessos, e assim velho, e assim profano;
Acordado, porém, desprezo o meu sonho.*

---

* FALSTAFF: My King, My Jove! I speak to thee my heart!
KING: I know thee not, old man, fall to thy prayers.
How ill white hairs becomes a fool and a jester!
I have long dreamt of such a kind of man,
So surfeit-swell'd, so old, and so profane;
But being awak'd, I do despise my dream.

E aqui eis Abraão recusando-se a deixar que Lázaro venha consolar o homem rico "vestido de púrpura": "E além disso tudo, entre nós e ti existe um grande abismo permanente; de modo que aqueles que atravessariam daqui até onde estás não podem fazê-lo: nem poderiam atravessar até onde estamos os que daí viessem". Onde quer que esteja Henrique V, ele não se acha no seio de Arthur junto com o rejeitado Falstaff.

Sugiro que a representação shakespeariana nas peças históricas na verdade exige nossa compreensão do que Shakespeare fez à história, em comparação com o que fizeram seus contemporâneos. Perspectivas eruditas e padronizadas da história literária, e todas as reduções marxistas da literatura e também da história, apresentam a característica curiosamente aparentada de funcionarem muito bem, digamos, para Thomas Dekker, mas serem absurdamente irrelevantes para Shakespeare. Falstaff e a teoria da realeza dos Tudor? Falstaff e a mais-valia? Eu preferiria Falstaff e a concepção nietzschiana do uso e do abuso da história para a vida, se não fosse por Falstaff triunfar precisamente onde o Super-Homem fracassa. Pode-se ler Freud acerca do nosso desconforto na cultura de trás para diante, e se aproximar de Falstaff, mas o problema novamente é que Falstaff triunfa bem ali onde Freud nega que o triunfo seja possível. Com Falstaff, assim como com Hamlet (e talvez com Cleópatra), a representação shakespeariana é tão autogerada e tão poderosa que só a podemos apreender vendo que ela nos dá origem. Não podemos julgar um modo de representação que sobredeterminou nossas ideias de representação. Como apenas alguns outros autores — o Javista, Chaucer, Cervantes, Tolstói —, Shakespeare põe rigorosamente em dúvida todas as críticas recentes da representação literária. Jacó, o Vendedor de Indulgências, Sancho Pança, Hadji Murad: parece absurdo chamá-los figuras de retórica, para não falar em Falstaff, Hamlet, Shylock, Cleópatra, como tropos do *ethos* ou do *pathos*. Falstaff não é linguagem, mas dicção, o produto da vontade de Shakespeare sobre a linguagem, uma vontade que muda as personagens mediante o que dizem e por causa do que dizem. De

100

forma mais simples, ademais, Falstaff não é o modo como o sentido se renova, mas, antes, como o sentido tem início.

Falstaff é uma representação tão profundamente original porque representa de modo mais verdadeiro a essência da invenção, que é a essência da poesia. Ele é uma catástrofe perpétua, uma transferência contínua, um romance familiar universal. Se Hamlet está além de nós e da necessidade que temos dele, de modo que requeremos nossa introjeção de Horácio a fim de nos identificar com o amor de Horácio por Hamlet, então Falstaff também está além de nós. Mas na condição falstaffiana de estar além, por assim dizer, naquilo que suponho devamos chamar de sublimidade falstaffiana, jamais somos autorizados por Shakespeare a nos identificar com a afeição ambivalente do príncipe por Falstaff. Futuros monarcas não têm amigos, apenas seguidores, e Falstaff, o homem sem superego, não é seguidor de ninguém. Freud nunca especulou o que seria um homem sem superego, talvez porque esta tivesse sido a perigosa profecia do Zaratustra de Nietzsche. Não haveria algum sentido no que implicitamente nos diz todo o ser de Falstaff: "O mais sábio dentre vós também é tão só um conflito e um ser híbrido entre uma planta e um espectro. Porém peço de vós que vos torneis espectros ou plantas?". Pode-se dar aos críticos historicistas que chamam Falstaff de espectro, e aos críticos moralistas que consideram Falstaff uma planta, a resposta do próprio sir John. Até mesmo em sua forma rebaixada em *As alegres comadres de Windsor*, ele os esmaga desta forma: "Será que vivi para ver-me objeto de escárnio de alguém que faz picadinho da língua inglesa? Isto basta para ser a decadência dos libertinos e notívagos em todo o reino".

Mas, acima de tudo, Falstaff é uma reprimenda a todos os críticos que buscam desmistificar a mimese por meio da dialética, seja marxista, seja desconstrutivista. Como Hamlet, Falstaff é uma supermimese, e, desse modo, também ele nos induz a ver aspectos da realidade que de outro modo nunca poderíamos apreender. Marx haveria de nos ensinar o que ele chama de "a apropriação da realidade humana" e, dessa forma, também a

101

apropriação do sofrimento humano, Nietzsche e seus descendentes desconstrutivistas nos ensinaram a ironia necessária do fracasso em toda tentativa de se representar a realidade humana. Falstaff, sendo mais original, nos ensina ele mesmo: "Não, é certo que não sou um homem duplo; mas se não sou João Falstaff, então sou um João Ninguém". Um homem duplo ou é um espectro ou dois homens, e um homem que é dois homens poderia muito bem ser uma planta. Sir John é João Ninguém; é o príncipe que é um João Ninguém ou um velhaco, e assim são os críticos moralistas de Falstaff. Não estamos, pois, em posição de julgar Falstaff ou de avaliá-lo como uma representação da realidade. Hamlet é por demais desapaixonado até mesmo para *querer* nos conter. Falstaff é apaixonado e nos desafia a não aborrecê-lo, se se dignar a nos representar.

4. MILTON

JOHN MILTON NUNCA DEPAROU com um vazio cosmológico estendido entre a verdade e o sentido. Ele desfrutava a posse de um ego pétreo, e estava convencido de ser a encarnação da verdade, de modo que sua vida estava repleta de significado. A crença, para Milton, era a liberdade exercida por seu próprio coração, puro e honrado, ao passo que a poesia era o que ele escrevia de maneira sublime, em amorosa mas acirrada concorrência com a Bíblia e Homero, Virgílio e Dante, Spenser e Shakespeare. Nenhum poeta, ou escritor de qualquer espécie, do Ocidente nos é tão valioso quanto Milton nesta época sombria, em que nossas academias literárias, que agora se transformam em templos de ressentimento social, fogem da poesia. A força de Milton não é o que a nossa atual Escola de Ressentimento abomina, mas simula estudar; não é força social, política, econômica, mas força retórica ou psíquica, força poética propriamente dita. A força miltoniana é *potentia*, *pathos* enquanto capacidade para mais vida. Blake, Whitman, D. H. Lawrence foram vitalistas heroicos, mas, comparados a Milton, parecem parodistas involuntários de seu vitalismo desentravado e mais sublime. Foram compelidos a ser programáticos, ao passo que o mero fato de ser proporcionou a Milton o argumento heroico.

Meu tema explícito aqui é o prodigioso monismo de Milton, sua recusa a todo dualismo, quer platônico, paulino ou cartesiano. Mas, falar do monismo em Milton é um modo pobre de falar, análogo a falar de suas heresias ou de suas crenças. A maior pobreza, de acordo com Wallace Stevens, é não viver num mundo físico, sentir que o desejo é por demais difícil de distinguir-se do desespero. O próprio desejo de Milton nunca

103

foi ser diferente, nunca foi estar em outro lugar; em um sentido nietzschiano, Milton não tinha motivo para a metáfora. Talvez seja por isso que o verdadeiro Deus de Milton não é a figura ou representação de Deus, a principal imperfeição do *Paraíso perdido*, não mais do que o Iahweh do Javista é o Deus do judaísmo normativo ou de qualquer ramo do cristianismo ou do islamismo. Vamos conceber Milton como teomórfico, uma espécie de Deus mortal, que é como nossos eminentes precursores românticos o conceberam. O verdadeiro Deus do *Paraíso perdido* é o narrador, em vez do urizênico mestre de almas, ralhando de seu trono, ou o Espírito Santo invocado pelo Milton arianista, não como parte de uma trindade, tampouco como a musa de Milton, pois, para este, a musa é apenas a força que reside nele próprio, sua amante interior. Espírito e força são um único conceito em Milton; eles se unem no tropo do Messias e quase chegam a se unir perigosamente na figura do próprio Milton, não apenas como a voz que diz o poema, mas como o criador de um testamento ao mesmo tempo mais velho e mais novo do que os testamentos de que já dispõe. Dante, como Joaquim de Flora, proferiu sua palavra como uma terceira revelação. Milton, mais afrontosamente ambicioso, proferiu sua palavra como uma revelação anterior até mesmo à de Moisés, e necessariamente mais contemporâneo do que a de qualquer outro rival.

Nossa época fraca diverte-se com a falsa suposição da morte do autor, diversão que é desafiada pelo escândalo da perene autoridade de Milton, sua permanente usurpação da dialética tanto do desenvolvimento da literatura quanto do ressentimento autoral. Satã, a custo nosso velho inimigo mas nosso velho amigo, Tio Satã, é a encarnação de ambos, pois ainda é o maior dos vilões-heróis, de Iago e Edmund a Shrike de Nathanael West. Os apuros em que se encontra a atual crítica literária são justamente os do Tio Satã; os críticos literários experienciais, como esta minha triste pessoa, arrastam-se cambaleantes, entoando diariamente os versos que constituem o poema do nosso momento e clima:

104

No mais profundo abismo, abismo mais profundo se escancara,
Ainda ameaçando devorar-me,
Perto do qual o inferno que padeço parece um céu.*

Há muito já se foram os tempos em que os estudantes da poesia de Milton seguiam o conselho de C. S. Lewis, de começar a jornada com Bons-dias de ódio a Satã. Foram estes os dias da minha juventude, quando os professores de literatura constituíam um clero secular. Eu costumava mofar dessa classe de letrados, mas agora eles zombam do zombador, mordem o mordente, e eu preferia estar cercado de um clero secular do que pela soberba de assistentes sociais deslocados. O Satã de Milton continua a ser não apenas a alegoria do poeta pós-iluminismo, no que ela tem de mais forte, mas a do crítico pós-moderno, no que ele tem de mais fraco, "embalado pela vingança", uma vez completada a triste transformação no alto do monte Nifates. Como nosso sublime tio, viajamos de Nifates, onde o Tigre, rio do Paraíso, se divide, onde Cristo sofre tentações, e de onde Adão deve contemplar seu mundo decaído. Nifates é a encruzilhada de Satã, após a qual sua queda no dualismo está completa, e seu heroísmo, desfeito para sempre.

O monismo miltoniano não é uma metafísica, mas uma paixão, quer em sua ardorosa juventude ou em sua cega maturidade. W. B. C. Watkins ressaltou o que chamava de "sensualidade e antropomorfismo" de Milton, que eu expressaria de outra forma como "vitalismo e teomorfismo", cada qual segundo o modo de J, o mais forte autor da Bíblia hebraica, que Milton conhecia como Moisés, seu mais verdadeiro precursor. Milton revisa Homero transladando-o corretivamente, mas ele reelabora Moisés de maneira ainda mais engenhosa, por um translado que expande brilhantemente a Bíblia, ou deslocando-a por meio da extraordinária condensação e perspectivização. J. M. Evans obser-

---

* And in the lowest deep a lower deep/ Still threatening to devour me opens wide/ To which the hell I suffer seems a heaven.

vou que Milton, como os rabinos e padres antes dele, teve de superar as dificuldades de interpretação que lhe foram apresentadas não apenas pelas contradições no Gênesis entre o Javista e o autor sacerdotal, mas pelo que eu denominaria o mistério do próprio Javista. O monismo de J (para chamá-lo assim) não é nada menos que abusivo, mas Milton dele recuou apenas na representação de Deus, no principal erro estético de seu épico.

O primeiro crítico verdadeiro do monismo miltoniano foi W. B. C. Watkins, cujo Milton era um poeta da sensação, talvez o Milton que mais influenciou John Keats:

> Não há como enfatizar demais uma verdade fundamental acerca de Milton que encontramos infinitamente difundida em sua obra. Em seus momentos mais criativos, ele aceita o âmbito todo que vai do físico, especificamente os sentidos, até o Divino supremo, como *absolutamente ininterrupto*. Essa jubilosa aceitação significa que ele está livre para falar de qualquer ordem do ser (estendendo-se à matéria inanimada) em termos sensuais idênticos como o grande denominador comum.

Um poeta que acredita em quanto seja transcendente (como fez Milton) em geral não concebe o transcendental como sendo apreendido por nossos sentidos degradados. Mas minha linguagem é a de um dualista, confesso com pesar, e Milton poeticamente não podia conceder que os sentidos eram degradados, embora a doutrina cristã com certeza exija uma tal concessão. Podemos presumir que todas as heresias de Milton fundem-se em seu monismo e dele provêm. Antitrinitarismo, mortalismo, arminianismo, rejeição do *creatio ex nihilo*: são essas as quatro versões de uma abolição de qualquer dualismo, exceto quanto à adesão de Jeremias a uma nova interioridade. O que talvez seja mais normativamente hebraico com respeito a Milton é sua falta de simpatia pela versão de são Paulo de um dualismo helenístico. Quando lhe sobreveio a cegueira, Milton voltou-se com fervor ainda maior para a exaltação de todos os sentidos. A luz celestial brilhou no íntimo, de modo que o poeta pudesse ver o invisível, mas vê-lo tão precisamente como se visível fosse.

As palavras de Milton são celebradas por seus melhores críticos — incluindo Watkins, Christopher Ricks e William Kerrigan — como sendo a um tempo físicas e morais em sua referência, simultaneamente atos e cognições. A palavra hebraica que está por trás do *logos* de são João é *davhar*, como Milton sabia, e *davhar* é tanto um feito como um pensamento, uma palavra para "palavra" que não permite nenhum dualismo. Freud não distingue entre espírito e energia, como também não o faz Milton. Como Freud orgulhosamente confessou-se dualista, podemos inferir que o dualismo freudiano é análogo ao monismo miltoniano. Cada qual exalta a interioridade contra as coisas do modo como são externamente, e ambas as instâncias são modos de negação, liberando o pensamento e a poesia de um passado sexual, ao mesmo tempo em que mantêm uma considerável repressão da memória, do arrependimento e do desejo. O triunfo cognitivo que se segue é tão forte no *Paraíso perdido* quanto no *Além do princípio do prazer*.

Mas seria esse triunfo uma liberdade, uma expressão do potencial humano para a liberdade, ou pelo menos para um pouco mais de liberdade do que qualquer um de nós em geral possui? Ainda que análogos, seriam o monismo miltoniano e o dualismo freudiano aventuras cognitivas que buscam a liberdade humana, quer contra a condição satânica e decaída, quer contra as usurpações agressivas dos agentes psíquicos, id e superego, respectivamente abaixo e acima do ego?

Northrop Frye, grande crítico protestante de Milton, muito no que pode ser chamado de a própria tradição de Milton, diz-nos que, "para Milton, a liberdade não é algo que principia com o homem; ela tem início com Deus. É algo que Deus está decidido a ter; o homem não a pode querer, a menos que se encontre num estado regenerado, preparado para aceitar a disciplina interior e a responsabilidade que a acompanham". Medito sobre as observações de Frye, e estou certo de que Milton teria concordado, mas penso que o poeta em John Milton era forte demais para não querer a liberdade, muito naturalmente, por sua própria postura e linguagem. A identidade de energia e espírito no Milton unitário constituiu sua liberdade para escrever o poema. É outro aspecto do monismo miltoniano que ele tenha identificado sua liberdade enquanto poeta com a liberdade cristã, uma vez que essa identificação constitui sua maior heresia, cujo escopo compreende todas as outras.

Se não separamos a espiritualidade da energia natural, e se acreditamos na Queda do Homem, então necessariamente precisamos ter uma visão da regeneração. A doutrina miltoniana da regeneração é melhor explanada por Arthur E. Barker, que ressalta quão radicalmente a interpretação que Milton faz da graça de Deus divergia das características concepções puritanas. Aperfeiçoar, mais do que abolir, o homem natural era a missão de Milton, apesar do desprezo que o poeta cego nutria pela depravação de seu próprio povo, que escolhera um capitão de volta para o Egito. Desejo sugerir que a regeneração miltoniana é mais teomórfica do que cristã, a menos que por cristandade entenda-se uma fé tão individual e idiossincrásica que pudesse ser considerada uma seita de um só. Os descendentes vitalistas de Milton — Blake, Shelley, Whitman, Lawrence — eram protestantes sem ser cristãos (Blake teria negado isso), todavia Milton como poeta é mais miltoniano do que protestante, e sua intensidade teomórfica supera a de seus descendentes, assim como foi além até mesmo da convicção que Dante possuía de ser ele o profeta de Deus.

A crítica ainda não encontrou um vocabulário preciso para descrever com justeza de que modo o *Paraíso perdido* translada toda crença extrapoética, incluindo o cristianismo. O que chamo de translado não é apenas o tropo do elemento interpretativo na alusão poética, que é aquilo por que o toma John Hollander. O translado em Milton não me parece absolutamente um tropo, tampouco seu monismo me parece uma posição metafísica. Lembro-me de, por um longo período, debater quase diariamente com meu amigo íntimo, o falecido e muito saudoso Paul de Man, a respeito de sua alegação de que a ironia não é um tropo, mas, em vez disso, a condição da própria linguagem literária. O translado pode não ser a condição de toda poesia forte tardia, mas é o processo poético ou a condição essencial no *Paraíso perdido*, e não apenas a figura da alusão poética ali. A postura mais característica de Milton, seu *davhar* ou palavra que é também um ato e um pensamento, é colocar-se, com radical originalidade, num tempo presente ansiosamente exaurido, entre um passado culturalmente rico mas inçado de erros, e um futuro estranhamente problemático. Antes daquele passado, houve uma origem verdadeira, acessível a nós apenas no poema de Milton e através dele. Todo relato do passado, por mais belo que seja, é parcialmente equivocado, exceto na medida em que é um comentário sobre o *Paraíso perdido* — mesmo que tenha sido escrito muito antes da epopeia de Milton. Quando, no Livro I, invoca o Espírito Santo como sendo a musa, Milton implicitamente nos solicita a recordar que as musas eram originalmente os espíritos daquelas fontes dedicadas ao triunfo de Zeus sobre os deuses titânicos do abismo, os velhos deuses, primais e horríveis, emblemáticos do Hades e da morte.

No entanto, a própria invocação jamais deixa de surpreender-me por seu caráter extraordinariamente grotesco:

> *Tu, que desde o primeiro momento estavas presente,*
> *Qual pomba, abrindo as poderosas asas,*
> *Pairaste por sobre o vasto abismo*
> *E o fecundaste...**

Alastair Fowler, com a autoridade de sua vasta erudição, diz que "esta não é uma metáfora mista, mas uma deliberada alusão à doutrina hermética de que Deus é tanto masculino quanto feminino". Nicolau de Cusa está presente na mente de Fowler, mas apenas Milton está na mente de Milton, uma vez que ele

---

* Thou from the first/ Wast present, and with mighty wings outspread/ Dove-like sat'st brooding on the vast abyss/ And madest it pregnant...

audaciosamente assevera sua própria precedência sobre o relato da Criação no Gênesis, feito pelo autor sacerdotal. O Espírito segue a postura de Milton ao compor o *Paraíso perdido*, de vez que o bardo cego também paira meditativo sobre o vazio universal que, para ele, tornou-se o livro da natureza. Por inversão metaléptica, o Gênesis é transformado num *midrash* sobre Milton, o qual estava ele próprio presente desde o início. Milton estava lá antes de tudo, não tanto contemplando, de vez que o espírito aqui não vê, mas meditando. Nem o espírito nem o bardo é macho ou fêmea, ou macho *e* fêmea, pois o tropo é antes temporal do que sexual. Ter estado presente desde o início é termos aberto nossas asas como uma pomba e feito do abismo um tropo, fazendo com que desse à luz o que nele já se encontrava. Não há para Milton abismo da não existência, mas, antes, um lugar de ser que já é Deus. Adejando na metalepse miltoniana estão alusões palpáveis ao Gênesis, a Lucas e aos Atos dos Apóstolos, mas também uma alusão mais sutil ao Salmo 68, com a promessa de que, embora nos tenhamos deitado entre cacos de vasos de barro, ainda assim seremos como as asas de uma pomba. A Criação, na soberba primeira invocação de Milton, não apenas tornou-se o projeto de sua epopeia, mas também o tropo fundamental para sua apaixonada convicção de que matéria e espírito são eternamente indistinguíveis. Entre Milton e Deus, mediação alguma era necessária, o que, volto a sugerir, põe em questão o cristianismo de Milton. Necessitamos de um sentido do literal muito diverso daqueles ora disponíveis conceitualmente, a fim de apreendermos as derradeiras consequências da negação que Milton faz de todo dualismo.

O grande dualista no *Paraíso perdido* é necessariamente Satã, que continua a ser o magnífico escândalo do poema. Em Satã, o translado miltoniano triunfou por completo, de modo que cada Satã subsequente, incluindo o infeliz Tentador no *Paraíso reconquistado*, parece um superado precursor do antagonista do *Paraíso perdido*. O termo "dualismo" parece não ter sido empregado antes de 1700, e talvez represente o declínio do que Neil Forsyth, em seu estudo sobre o Demônio, chama de "o mito do combate". O *Paraíso perdido* é a última e a maior instância desse mito, que teve o curioso destino de nunca ser plenamente abordado nos escritos canônicos judaicos ou cristãos. Shelley observou de maneira encantadora que "O Demônio [...] deve tudo a Milton", uma observação que permanece verdadeira apesar das intervenções posteriores de Goethe, Dostoiévski e Thomas Mann. O Diabo, como sabemos, não foi uma invenção judaica, mas remonta no mínimo ao Huwawa dos sumérios, ou ao Humbaba dos assírios. Um caminho bem longo foi percorrido de Huwawa, oponente de Gilgamesh, àquela que é a minha favorita dentre as figuras literárias, o Satã do *Paraíso perdido*, mas não pode haver dúvidas quanto à ancestralidade literária de Satã. Entre Huwawa e Satã vieram feiticeiros tão formidáveis como Tiamat, o dragão babilônio do mar; Faraó na narrativa do Êxodo, Faetonte na Grécia; a estrela da manhã caída, em Isaías, e o Querubim Protetor de Tiro, em Ezequiel; e, talvez mais notável, o Demiurgo nas escrituras gnósticas. O que falta a todos esses é a soberba personalidade de Satã, a magnificência de seu *pathos*. Falando apenas em meu nome, sempre estive enamorado do Satã do *Paraíso perdido*, e não posso acreditar que o próprio Milton começasse a jornada com um neocristão Bons--dias de ódio à sua maior realização em termos de representação poética, um vilão-herói que supera até mesmo seus mais diretos precursores literários, os shakespearianos Ricardo III, Edmund, Iago e Macbeth. Nele encontro todas as minhas melhores qualidades, como foi seguramente a intenção de Milton, pois Satã possui quase todas as melhores qualidades do próprio Milton, exceção feita ao monismo. Assim como Milton, Satã é um vitalista heroico, mas, diferentemente de Milton, Satã é tanto a vítima quanto o teórico de uma divisão entre espírito e matéria.

Evidentemente, Satã é um crente cristão, sem dúvida da variedade papista, embora sua crença seja mais do que um pouco relutante. O que D. P. Walker denominou o Declínio do Inferno, nos debates seiscentistas sobre o tormento eterno, não era de forma alguma um fenômeno não miltoniano, pois os platônicos de Cambridge, Ralph Cudworth em especial, tinham profundas afinidades com as visões de Milton da regeneração e da liberdade cristã. Cudworth e Henry More afirmaram a eternidade do Inferno, mas de modo um tanto relutante e essencialmente tropológico, o que era seguramente a posição de Milton. Talvez o maior translado singular de Milton seja sua audaciosa e dupla usurpação do mito do combate, ou Satã como o Velho Inimigo, e o que Ronald R. Macdonald invoca como sendo os cemitérios da memória, os infernos épicos de Virgílio e de Dante. Fazendo plenamente seus tanto o mito do combate quanto os cemitérios da memória, Milton partilhou do que para ele foi a mais crucial prioridade, o relato das origens catastróficas, da depravação dos eleitos, da cegueira à luz, do abismo perpetuamente mais fundo dentro do mais profundo abismo.

William Empson afavelmente enfatizou que, "como Satã acredita que Deus seja um usurpador, ele genuinamente o toma por um invejoso". Na verdade, o Deus de Milton é um usurpador muito bem-sucedido, assim como Milton o poeta, e as usurpações extraordinariamente bem-sucedidas deixam de ser vistas como usurpações, quer em política, teologia ou poesia. Satã é um usurpador muito malsucedido, equiparando-se muito precariamente neste ponto aos vilões-heróis Ricardo III, Edmund, Iago e Macbeth. O que não podemos esquecer a respeito de Satã no *Paraíso perdido* é sua retórica primitiva: heroica, antitética, dualista. Tão coerciva é esta retórica que se pode presumir alguma complexa autopunição por parte de Milton. Mas como poderia um ser tão unitário como Milton ser autopunitivo? Se eu tivesse de estabelecer uma escala com o amor-próprio literário em uma extremidade e a autoflagelação estética na outra, então Milton estaria no polo da celebração de si próprio, e Kafka no extremo da autopunição. Não posso conceber John Milton expiando por seu próprio ardor teomórfico, pois até sua morte, a um mês de completar 66 anos, ele manteve inabaláveis os compromissos a que se devotou durante toda a vida. Todavia, nada se obtém em troca de nada, e os demônios que governam a poesia cobram seu preço

112

até mesmo dos mais fortes dentre os poetas, seja ele Milton, o último dos grandes antigos, ou Wordsworth, o primeiro e o maior dos modernos. Transladar todos os precursores de si mesmo é empresa extraordinária, pois está baseada na premissa de que podemos ser todas as coisas em nós mesmos, ao menos como poetas. Podemos ser Adão no início da manhã e, com isso, podemos escrever o que Nietzsche chamou o poema primordial da humanidade. Todas as coisas lá estão para que lhes possamos dar nome, porque de algum modo nós mesmos as tornamos anônimas. Contudo, Milton não era Emerson nem Whitman, que surgiram durante a fase americana do fenômeno chamado iluminismo em sua primeira fase e romantismo na segunda. O iluminismo tentou impor-se a Milton, mas ele o rechaçou para o domínio daquele grande dualista cartesiano, o heroico Satã.

Deixe-me começar por lembrar a mim mesmo o que os melhores críticos da língua disseram sobre o soberbo e infeliz Satã do *Paraíso perdido*, a quem não puderam amar como ele merece ser amado — mas afinal ele é, como disse, a personificação ou alegoria irônica do poeta pós-miltoniano no que ela tem de mais forte, e um tal poeta é perigoso de amar, sobretudo por ser ela a imagem de Tânatos e de Eros, e, desse modo, sua energia também alimenta o impulso de morte. O impulso de morte é, sem dúvida, uma espécie de piada judaica, talvez a melhor piada de Freud, mais uma versão de minha máxima iídiche favorita: "Durma mais depressa: nós precisamos dos travesseiros". Satã não é uma piada do judeu ou gentio, mas a personificação mais forte da precedência do *pathos* sobre o *logos* em toda a poesia de Milton. O erro fundamental da maioria da crítica erudita de Milton é desprezar essa precedência; aqui também W. B. C. Watkins é mais uma vez a grande exceção, ao afirmar que "em Milton, a paixão é sempre mais forte do que a razão". Em relação a isso, Watkins referiu-se à "dolorosa ambivalência de Milton quanto à paixão", mas "ambivalência" parece-me um termo enganoso nesse contexto. Cognitivamente, Milton rejeitou uma postura calvinista quanto à separação

113

da natureza e da graça afirmando, em vez disso, que a razão era o mediador capaz de integrar matéria e espírito e, assim, completar o trabalho de regeneração. O amor-próprio, o centro crucial de Milton, não lhe permitiria a ambivalência com respeito a sua própria paixão, que no tenebroso período de sua prisão (de outubro a meados de dezembro de 1659) deve ter-lhe parecido análoga à paixão de Cristo, talvez sua única apreensão pragmática da realidade de Cristo, que, em Milton, guarda tão pouca semelhança com a pessoa apresentada nos Evangelhos Sinóticos.

Uma consciência que rejeitava toda separação entre carne e espírito simplesmente recusava-se também a permitir uma oposição direta entre razão e paixão. Se Satã no *Paraíso perdido* é esteticamente superior a Deus e ao Messias, como julgo mister reconhecer, é porque nele a paixão é maior do que nestes, e Milton aceitou explicitamente o paradoxo de que a poesia era mais simples, sensual e apaixonada do que a teologia e a filosofia. Mas isso dificilmente significa que falte razão a Satã, que era a alegação dos críticos neoclássicos de Milton. Addison insistia que, entre as impiedades de Satã, "o autor cuidou de não introduzir nenhuma que não fosse absurda ao extremo, e incapaz de chocar um leitor religioso". Com mais eloquência, o dr. Johnson também descartou Satã como inofensivo: "A malignidade de Satã espumeja em arrogância e obstinação; mas suas expressões são comumente vagas, e não tanto ofensivas quanto perversas". O herdeiro inadequado de Addison e Johnson foi C. S. Lewis, para quem o Satã de Milton era um egoísta absurdo, assemelhando-se um pouco a sir Willoughby Patterne, de George Meredith: "É um erro exigir que Satã, mais do que sir Willoughby, fosse capaz de arengar e posar através de todo o universo, sem, mais cedo ou mais tarde, despertar o espírito cômico". O erro era do autor de *The screwtape letters*, pois Satã não parecia nada cômico a John Milton. Hazlitt sensatamente observou a respeito de Satã que "A força de seu espírito era igualável, assim como sua força física" e "Sua capacidade de ação e de sofrimento era igual [...]

Ele foi desconcertado, não aturdido". Na trilha de Hazlitt, vamos examinar, o mais próximo possível, a separação dos poderes em Satã, o dualismo no qual ele foi lançado.

Hesitaria em descrever qualquer discurso isolado de Satã como o seu máximo, exceto seu solilóquio no monte Nifates, no início do Livro IV. No entanto, é difícil admirar em excesso sua magnífica fala de abertura a Belzebu, enquanto flutuam lado a lado no lago abrasador. Nessa fala, como sempre, há uma preponderância do *pathos* sobre o *logos*, mas o *pathos* é dialético, sendo antitético à maior parte da paixão humana. O desespero de Satã é o desespero de ter sido lançado, para fora e para baixo, dos domínios da luz para a escuridão visível do Inferno. Este é um *pathos* virgiliano, e começa por uma alusão à reação de Eneias quando vê uma manifestação do fantasma de Heitor mesmo durante a queda de Troia: *"ei mihi, qualis erat! quantum mutatus ab illo/ Hectore"*. Belzebu não é mais um Heitor, e isso significa que o próprio Satã não é mais um Aquiles. Mas quanto ainda subsiste, porque ele continua sendo mais do que meio deus, embora caído. Não lhe sobrevivem muitos traços do Satã da Bíblia hebraica: ele não é um acusador, não é servo da corte celestial. Ele é um grande vitalista horrivelmente desfigurado, mas não em sua vontade:

> *Que monta a perda dos campos de batalha?*
> *Nem tudo está perdido; a indômita vontade,*
> *E o estudo da vingança, ódio imortal,*
> *E coragem para jamais submeter-se ou entregar-se;*
> *E que outra coisa não é ser vencido?**

Fowler observa a alusão à tradução spenseriana de Edward Fairfax (1600) de *Jerusalém liberta* de Tasso, em que Satã se dirige a "seus demônios e espíritos":

---

* What thought the field be lost?/ All is not lost; the unconquerable will,/ And study of revenge, immortal hate,/ And courage never to submit or yield:/ And what is else not be overcome?

Sem jaça não pereça, pois, toda pujança,
  O brio em sua mente audaz outrora vivo
Quando, com fogo reluzente e aguda lança,
  Lutamos contra os anjos desse céu altivo;
Eu sei: tombamos no campo flégreo sem esperança
  Não tenho sorte, embora justo fosse o motivo;
O acaso só assistia a mais ignóbil facção,
  Perdemos a campanha, não perdemos o coração.*

Entre o Satã de Tasso-Fairfax e o Satã miltoniano inter-
põe-se o contexto gigantesco do sublime longiniano ou agonístico com suas colorações pindáricas. "Perdemos a campanha,
não perdemos o coração" conhece pouco da vingança que a
vontade nutre contra o tempo e contra o "Era" do tempo. A
coragem nietzschiana do Satã do *Paraíso perdido* pode ser uma
mentira, mas, como tal, é uma ficção heroica, um mentir contra
o tempo, um surto que é em si mesmo um poema, a ficção da
duração. Quando ouvimos a questão retórica — "E que outra
coisa não é ser vencido?" —, deliberadamente ouvimos a própria voz poética, a imagem da voz materializando-se na vontade
e pela vontade. Nós a ouvimos de novo na mais profunda alegoria das origens poéticas que já nos foi dada, quando Satã, no
Livro V, retruca ao próprio representante de Milton, o anjo
Abdiel, escrupulosa chama de zelo, que advertira Satã de que
Cristo era o agente do Pai na Criação:

quem viu
Quando esta criação se fez? Lembras-te tu
De tua formação, quando o Criador te deu o ser?
Não conhecemos tempo em que não fôssemos como agora;

---

* Oh! be not then the courage perish'd clean/ That whilome dwelt within
your haughty thought,/ When, arm'd with shining fire and weapons keen,/
Against the angels of proud heav'n we fought:/ I grant we fell on the Phlegrean
green,/ Yet good our cause was, though our fortune naught,/ For chance assis-
teth oft th'ignobler part,/ We lost the field, yet lost we not our heart.

Não conhecemos ninguém antes de nós; gerados por nós mesmos,
[criados por nós mesmos;
Por nosso próprio poder vivificante [...]*

Citar aqui santo Agostinho contra Satã, como fez C. S. Lewis, parece-me redundante e inoportuno; é, antes, como citar Agostinho contra a "Confiança em si mesmo" de Emerson, ou contra Walt Whitman, Pater ou Nietzsche. Milton atribui claramente a Satã uma postura gnóstica, que vê a Deus e a Cristo como meras versões do Demiurgo. Isto é bem fundada doutrina cristã, mas a retórica de Satã, sua força de *pathos* aqui, é inteiramente outra questão. Como poeta forte, como o próprio arquétipo do grande poeta moderno, alguma vez Milton se permite conhecer poeticamente uma época em que ele não era como agora? Conhece ele algum poeta *antes* dele, até mesmo Moisés, ou o Jesus das parábolas evangélicas? Não é ele, com respeito a si próprio, gerado por si mesmo como poeta, apesar de seu grande original, Spenser, e dos vilões-heróis levados à perfeição por Shakespeare? Não é o poeta do *Paraíso perdido* representado como tendo criado a si próprio mediante seu próprio poder vivificante? Não me refiro ao poeta enquanto o homem John Milton, mas antes a John Milton, o poeta enquanto poeta. Quando santo Agostinho (na *Cidade de Deus*) denuncia os maniqueus por não reconhecerem que suas almas não faziam parte de Deus, nem eram da mesma natureza de Deus, mas que foram criadas por Deus para ser bem diferentes de seu Criador, teria estado Milton pronto a concordar se santo Agostinho houvesse denunciado todos os poetas enquanto tais? O agudo dualismo agostiniano é simplesmente não miltoniano, e quando Satã afirma com ironia aquele dualismo ao negar suas consequências, devemos, pois, ser muito cautelosos com identificar Milton a santo Agostinho, como fez automaticamente C. S. Lewis.

* who saw/ When this creation was? Remember'st thou/ Thy making, while the maker gave thee being?/ We know no time when we were not as now;/ Know none before us, self-begot, self-raised/ By our own quickening power...

Afirmei que falar do monismo de Milton ou de seu próprio vitalismo heroico é um modo pobre de falar, no entanto eles ainda continuam a ser tudo o que temos como pontos de partida ao procurar apreender os mais profundos paradoxos do *Paraíso perdido*. Que o poema é protestante é algo palpável, embora não seja agostiniano nem calvinista, pois ensina que a vontade pode ser libertada outra vez, pode ser regenerada ou resgatada, de modo que nossa antiga liberdade edênica possa ser recuperada nesta vida. O Adão decaído não necessita depender por completo da vontade de Deus, e, uma vez que o Espírito não faz escolhas especiais e absolutas, como em Calvino, uma eleição geral e condicional se torna acessível para outros além dos santos. Há, para Milton, um caminho entre Satã e santo Agostinho, mas esse caminho é para o homem Milton. Existe um caminho do poeta, um caminho para o poeta enquanto poeta, que se possa distinguir com clareza da categoria satânica? De vez que Satã não é apenas uma assombrosa realização poética, mas, num sentido evidente, é a realização da própria poesia, como representa Milton sua própria liberdade de Satã, na medida em que desfruta uma tal liberdade? A questão não é ser um poeta verdadeiro e assim tomar o partido do Diabo sem o saber, mas antes que Satã é um poeta suficientemente verdadeiro para pertencer à seita de Milton sem o saber, apesar da rejeição satânica das admonições de Abdiel. Shelley, como observei, disse-nos que o Diabo devia tudo a Milton, e este é o centro do paradoxo. Cristo, afinal, é um desastre poético no *Paraíso perdido*; dele nos lembramos andando no Carro da Deidade Paterna, liderando um ataque armado contra os desafortunados hoplitas das legiões de Satã. Esteticamente, isso não é aceitável, ao passo que espiritualmente é horrível, exceto para quem aprecia guerra de carros de combate.

A representação poética tem grandes dificuldades com qualquer visão monística, embora o relato da Criação no Livro VII seja a descrição mais bem-sucedida que já li do surgimento de um mundo monístico. O Deus de Milton — ai de mim! — é antes uma catástrofe do que uma criação de catástrofe, mas não por causa do monismo de Milton. Dante mostrou a Milton um caminho melhor, que Milton recusou-se a seguir. Não posso explicar o desastre do Deus de Milton, que se assemelha, digamos, mais a Ronald Reagan do que a Sigmund Freud — que sempre aparece em meus sonhos com o Iahweh, o Pai, arrematado com charutos e um terno edwardiano. Milton, afinal de contas, era muito pouco complacente com tiranos terrenos, e não é muito convincente quando transfere o direito divino dos reis aos céus longínquos, com anjos bajuladores a circundar o trono enquanto entoam louvores ao irascível e farisaico monarca.

O paradoxo da negação protestante de Milton do dualismo foi explorado por William Kerrigan, como um problema freudiano de psicogênese, e por John Guillory, como uma questão de autoridade poética. Não penso que possamos jamais responder à questão do que seja a autoridade que a poesia anterior possui sobre qualquer poesia ou para qualquer poesia que deseje chamar-se "moderna", de Calímaco, em Alexandria, até nossa época. A autoridade exige obediência, e os poetas fortes nunca são obedientes, e John Milton, o menos obediente de todos. Platão pode ter ensinado Milton que uma dependência em relação às leis divinas, em vez de em relação aos homens, trouxe liberdade, mas o sentido miltoniano da liberdade poética não me parece absolutamente platônico. Milton não estava interessado numa autoridade que extraísse sua força do passado. O poder, para Milton, residia no *pathos* do presente, e na *potentia*, o provável *pathos* do futuro. O que Hannah Arendt denominou "o *pathos* romano para os fundamentos" é estranho ao *Paraíso perdido*. Ampliar os fundamentos é uma empresa satânica no poema; tal empresa estabelece o Pandemônio, ou o de são Pedro, dificilmente adequado ao espírito que prefere a todos os templos o coração puro e honroso da seita de um só — Abdiel ou Milton, guerreiro solitário ou bardo cego e isolado, guardiães da verdade obediente a uma luz interior sumamente individual.

Hazlitt continua a ser o melhor crítico de Milton, apesar do agudo discernimento do dr. Johnson, que fixou as bases de nossa compreensão atual do funcionamento do translado, ou alusividade, miltoniano. Ao observar que somente Milton poderia conservar sua originalidade ao mesmo tempo que remodelava todos os seus precursores, Hazlitt referiu-se à recusa miltoniana da tardividade, e mostra-nos que tardividade e dualismo não eram dois aspectos do mesmo mal para o poeta do *Paraíso perdido*. Ser o primeiro ou o mais antigo era também fundir carne e espírito; ocultar-se à espreita, como Satã, era ter dissociado sensualidade e consciência, e, assim, ter-se tornado um bisbilhoteiro. Eliminando o dualismo, Milton tornou-se senhor absoluto de sua representação, com o Satã do Livro I ao Livro IV sendo sua obra-prima no que suponho deva ser chamado o modo agostiniano, um modo, no entanto, transfigurado por Milton com propósitos inteiramente distantes das prioridades do próprio santo Agostinho. Abolir o homem natural, desistir da cidade terrena, encontrar a verdade por meio de uma dialética antitética de crenças conflitantes: estes não são procedimentos miltonianos. Santo Agostinho cultuou o dualismo; Milton o representou apenas para que o pudesse derrotar.

Mas o *pathos* de Satã, embora não seja o *pathos* do próprio Milton, exerce um poder no *Paraíso perdido* que o próprio Milton sem dúvida subestimou, talvez pelo fato de o dualismo não ser para ele uma tentação. Amamos Satã não porque sejamos também necessariamente rebeldes, mas pelo mesmo motivo por que secretamente amamos seu precursor Macbeth: ambos os vilões-heróis nos são terrivelmente interessantes devido à sua terrível interioridade. Neles encontramos a obsessão pela própria pessoa que sempre nos torna mais interessantes a nós mesmos do que qualquer outro, exceto por esses breves períodos a que Freud chama superestimações do objeto, ou estar apaixonado. E, se há Macbeth em Satã, bem como Edmund e Iago, há algo de Hamlet também. Como Hamlet, Satã não precisa de nós, a não ser como plateia para sua tragédia. Hamlet nem mesmo nos quer, exceto para lotar seu teatro mental, ao passo que Satã nos quer, pois tem um comedido interesse em povoar o Inferno. Parece perverso de minha parte sugerir que Satã preenche mais o espaço vazio que há em nossos corações

120

do que o fez para Milton, mas poucos entre nós, se tanto, compartilham plenamente o ego forte de Milton, seu saudável e justificado amor-próprio.

Satã não nos deixa surpreendidos pelo pecado; em vez disso, somos surpreendidos por Satã, pois ele é tão insólito quanto o Iahweh do Javista ou o Edmund de Shakespeare. Satã é mais vivaz do que nós, e sempre nos supera em poder vivificante. Ai!, sendo um excelente dualista agostiniano, Satã também vivifica o impulso de morte em nós, e talvez até mesmo encarne o quiasma freudiano que constitui a relação entre Eros e o impulso de morte. Freud sempre temeu a destruição do seu próprio dualismo pela força da agressividade, do modo como foi cultuada na heresia adleriana que irritou ainda mais Freud, nosso pai, do que os desvios de Jung, Rank, Reich e todos os outros heresiarcas. Também tememos essa força, e assim tememos Satã, mesmo quando sentimos sua atratividade, mas Milton não é tão vulnerável às tentações de Satã, ou às ameaças dele. Na relação que mantém com sua própria criatura, Satã, falta a amável intimidade que Marlowe revela com respeito a Mefistófeles, Barrabás e mesmo a Tamburlaine. Algo da postura de Shakespeare com relação a Iago ou Macbeth chegou à retórica conceitual de Milton, e isso talvez explique por que, toda vez que Satã é o centro de nosso interesse, o *Paraíso perdido* parece mais um drama trágico do que um épico.

A tragédia de Satã não é a do sangue nem a da mente, apesar de suas evidentes semelhanças com Macbeth e suas afinidades mais sutis com Hamlet. O *Paraíso perdido* não é, afinal, uma tragédia de Satã, como tampouco o *Rei Lear* é a tragédia de Edmund ou o *Otelo* a de Iago. É a nossa tragédia, porque nós somos Adão e Eva: se o próprio Satã é trágico, então sua tragédia era o que ele queria que fosse, uma tragédia do destino — embora no sentido freudiano, que é também pré-socrático, no qual o caráter é o destino. O *ethos* é o *daimon* em Satã, mesmo que o *pathos* seja sua glória, sua força inabalável. Volto a ele no alto do monte Nifates, pois este é seu adeus à glória, e o começo de sua degradação progressiva pelo ingrato Milton. De acordo com Edward

Phillips, nos seus dez versos iniciais está o primeiro trecho composto do poema, planejado como o início de um drama trágico sobre a Queda. Quando Satã exprime remorso, ficamos muito sensibilizados, mas nos tornamos hesitantes quando ele passa a murmurejar reflexões de Cícero sobre a verdadeira natureza da dívida:

> *e num momento saldar*
> *A imensa dívida de uma gratidão sem fim,*
> *Dívida tão pesada, sempre pagando, sempre devendo;*
> *Esquecido do que dele eu ainda recebia,*
> *E não compreendia que uma alma agradecida*
> *Devendo, não deve, mas ainda paga, a um só tempo*
> *Endividada e desobrigada; onde está, pois, o ônus?**

Não me sinto persuadido por isso, e me pergunto quando teria o próprio Milton demonstrado tão simpática gratidão para com quaisquer poetas predecessores. Ainda mais esplêndida é a grande recuperação retórica de Satã no encerramento dessa fala de desespero:

> *Adeus, esperança, e com a esperança adeus temor,*
> *Adeus remorso: para mim, todo o bem está perdido;*
> *Mal, sê tu o meu bem [...]***

Esse dualismo imensuravelmente consciente de si mesmo cumpre uma profecia de Isaías, e alcança um novo pináculo no modo de Macbeth. C. S. Lewis desceu a uma profundidade ainda maior ao traduzir isso como "Contrassenso, sê tu o meu

---

* and in a moment quit/ The debt immense of endless gratitude,/ So burdensome still paying, still to owe;/ Forgetful what from him I still received,/ And understood not that a grateful mind/ By owing owes not, but still pays at once/ Indebted and discharged; what burden then?

** So farewell hope, and with hope farewell fear,/ Farewell remorse: all good to me is lost;/ Evil be thou my good...

senso", apenas porque Satã, assim como Macbeth em seu encerramento, em nenhum outro momento é tão convincente quanto aqui. Afastar nosso remorso, como em Shelley, Nietzsche e Yeats, descendentes de Satã, é um repúdio ao que Shelley denominou a sombria idolatria do eu. Nietzsche nos instou a dar o passo final e ter a elegância de perdoarmos a nós mesmos, após o que o drama completo da queda e da redenção seria elaborado dentro de cada um de nós. Satã, nunca menos autoenganado, faz-se aqui anterior à sua fonte transladada em Isaías, ao mesmo tempo que também frustra a tentativa de Shelley de transladar Milton, ou os tropos nietzschiano e yeatsiano sobre Shelley. Satã nos mostra que perdoar a si mesmo não é possível, porque o adeus ao remorso deve da mesma forma implicar um adeus ao bem. Idiotice moral, *contra* Lewis, não é certamente a questão; o custo da confirmação o é, quando o temor deve fazer parte do bem. Ao escolher o dualismo, e então uma única polaridade na díade, Satã escolhe ser ele mesmo ao mais alto preço possível. Seu domínio crescerá, mas seu *ethos* deve declinar, como ele bem sabe, precisamente e com desespero. Ele também sabe que esse é tanto o seu melhor quanto o seu pior momento e que, pragmaticamente, o melhor e o pior nunca mais serão deslindados para ele.

Podemos acaso solucionar o quebra-cabeças moral que constitui o êxito estético de Satã? Nossa melhor pista, como tenho apontado, é que Milton não poderia participar de nossa perplexidade. Não posso crer que a história explique essa diferença entre Milton e nós mesmos, ou que qualquer historicismo, velho ou novo, ilumine essas trevas. A liberdade dos santos, ou a liberdade cristã em relação às Leis de Moisés, significava muito para Milton, porém menos, cedo ou tarde, do que sua peculiar vocação de poeta, por ele concebida como um chamado profético. John Guillory, em uma bela frase, lembra-nos de que "o profeta fracassado no *Paraíso perdido* é chamado de Satã, e ele é [...] um poeta bem-sucedido". Eu concordaria que, no *Paraíso perdido*, o triunfo tropológico acompanha a derrota literal, enquanto a vitória do Messias, filho de Deus, é um remendo figurativo. O sagrado e o secular constituíam para Milton apenas outro dualismo desnecessário.

O *Paraíso perdido* é a mais decididamente arcaica das obras literárias, mais arcaica ainda que Hesíodo, ou o Gênesis, ou *Totem e tabu*, de Freud. Suspeito que essa insistência arcaica inspire a suprema recusa de Milton do maior presente que Shakespeare poderia ter lhe dado, a representação da mudança interior por meio da exibição das personagens refletindo sobre suas próprias falas. Satã não se desenvolve, nem jamais se modifica ouvindo a si mesmo, como Edmund, Iago, Macbeth e, sobretudo, Hamlet. Quando Satã se dirige a si mesmo, ele ou confirma a principal mudança de sua Queda ou a desafia, porém não aprende a mudar ainda mais. Incessantemente agonístico, ele nunca deixa de formular a si mesmo a tríplice pergunta do modo sublime: Sou eu superior, igual ou inferior ao que era — ou melhor, ao que os outros ainda são? Ele sabe que não importa o que responda. Ele é o poema perpétuo de seu clima, um anjo sobre o qual o sol se pôs, uma relíquia de ter sido expulso do Paraíso pelo Messias, e assim ele é a verdadeira forma da perda.

Por que Milton investiu tanto em Satã, em detrimento de Deus ou do Messias? Qualquer formalista pode responder a essa questão com bastante facilidade discorrendo sobre a função narrativa de Satã, primeiro no mito cristão, depois no *Paraíso perdido*. Mas Satã excede em muito sua utilidade na narrativa da epopeia de Milton. Os estudiosos prosseguem dizendo-nos que Satã lá está por causa do mito, e por causa do poema, mas o sublime do leitor sempre replica que o poema está lá por causa de Satã. É no Satã de Milton que devemos pensar quando o sublime literário ocidental exige exemplo e definição. Ter ódio ao Satã do *Paraíso perdido*, considerá-lo tolo ou inadequado, é simplesmente deixar de ter sido encontrado por ele. O melhor organizador de edição do *Paraíso perdido* até o presente, o culto e engenhoso Alastair Fowler, nos diz que "o Deus de Milton é surpreendente o bastante para ser uma figura paterna universal; enigmático o bastante para ser o tema de intermináveis debates escolásticos, sublime o bastante para infundir temor; remoto o bastante de nossos desejos para ser em parte verdadeiro". O que está sendo descrito aqui é o Deus de Fowler, e não o estorvo miltoniano, santarrão e rabugento. Deixem-me transpor Fowler: o Satã de Milton é surpreendente o bastante para ser um filho pródigo universal; enigmático o bastante para forçar a crítica além dos seus limites; sublime o bastante para usurpar para sempre o sublime; próximo o bastante de nossos desejos para ser completamente verdadeiro, quando nossos desejos florescem na fantasmagoria do pesadelo.

O grande desejo de Milton era afirmar sua própria identidade como poeta-profeta, sobrepujando de muito a Moisés e Isaías e aos autores do Novo Testamento. De modo um tanto alarmante, o *Paraíso perdido* dá início ao verdadeiro tempo com Deus proclamando que Cristo é seu único filho gerado, um anúncio que indigna Satã até a rebelião. Como teria reagido Milton se entre seus contemporâneos houvesse um poeta divino mais forte do que ele, digamos um Shakespeare que se devotasse a compor a epopeia religiosa nacional? Satã, até o momento da desagradável surpresa de saber que deve sua própria existência a Cristo, fora o glorioso Lúcifer, o primeiro dentre os leais aduladores de Deus. E ele vem abaixo, ao deixar de ser o favorito de seu pai, e, ao partir para baixo e para fora, ele declara que se gerou a si mesmo. Ter Spenser como seu original na segurança de um século atrás é uma coisa; ter tido em Spenser ou em um Shakespeare um contemporâneo mais velho seria bem outra coisa. Os estudiosos modernos vivem me dizendo quão piedoso era Milton, mas não duvido que Milton, na posição de Satã, teria feito precisamente o que ele fez seu Satã fazer, e teria exclamado, com maior fúria ainda que Satã: "Não conheço tempo em que não era como sou agora; não conheço ninguém antes de mim".

As secretas ligações entre o poeta Milton e o poeta Satã foram reveladas por Kerrigan, Riggs, Guillory e outros, todos seguindo nas vastas águas de Samuel Taylor Coleridge, mas não lhes endosso aqui a conclusão de que a comparação implícita feita por Milton de sua busca épica com a de Satã tem o objetivo de explorar os riscos, morais e estéticos, que o poeta cego corteja ao compor o *Paraíso perdido*. Com isso, ficamos aquém do sublime egotista de Milton, que encontra uma liberdade de figuração apenas quando faz tropo de dois assuntos no poema: a condição satânica e a obra da Criação. A retórica do *Paraíso perdido*, assim como a de Blake, Whitman e Hart Crane depois dela, é uma retórica do desejo, um desejo de mais vida, e do simples, sensual e apaixonado exercício da poesia. Milton não cria a partir do nada, mas do seu próprio ser unitário, pelo qual ele não manifesta ambivalências. Satã, é claro, cria o pobre Satã, não de Lúcifer ou do ser unitário, mas do abismo ou do nada. Se Shakespeare foi, como insistiu Harold Goddard, um Hamlet antes da Queda, então Milton foi, insisto, um Satã antes da Queda, um Lúcifer, e tem a mesma relação com seu próprio Satã que Shakespeare pode ter tido com Hamlet. A verdadeira relação entre Milton e sua criação pródiga, Satã, é justamente esta: Satã é a forma decaída de John Milton, que viveu e morreu um Lúcifer, e ainda é a estrela matutina e vespertina da poesia em nossa língua.

5. ILUMINISMO E ROMANTISMO

A NOSSA DEFINIÇÃO CLÁSSICA daquilo que o sublime literário reivindica pode ser encontrada nas sentenças iniciais de *The romantic sublime* [O sublime romântico] (1976) de Thomas Weiskel:

> A alegação essencial do sublime é que o homem pode, no sentimento e na linguagem, transcender o humano. O que se encontra além do humano, se é que algo se encontra além — Deus ou os deuses, o demônio ou a Natureza —, é objeto de grande divergência. O que define a esfera do humano, se algo é capaz de fazê-lo, provavelmente não é menos indisputável.

Algumas sentenças mais adiante, Weiskel conclui o primeiro parágrafo de seu livro com um sutil aforismo: "Um sublime humanístico é um oxímoro". O poder de Weiskel como um teórico do sublime está condensado em sua implicação de que o sublime hebraico ou cristão, o homérico, o demoníaco, o natural — todos escapam à condição oximorônica. Também podem escapar à definição precisa e, na verdade, podem confundir-se uns com os outros, mas nenhum deles é tão problemático e paradoxal quanto aquela aparente contradição — um sublime humanístico. Os poetas do sublime que de modo crucial são humanísticos em alguns aspectos — Milton, Blake, Wordsworth, Shelley, Keats, Whitman, Stevens — precisam renunciar ao sublime quando põem em primeiro plano preocupações humanísticas.

Como crítico, Weiskel estava, em última análise, antes na tradição de Longino do que na de Aristóteles, o que vale dizer que Weiskel não era um formalista, mas era, ele próprio, um crítico sublime. A transcendência do humano na linguagem, em particular na enunciação dentro de uma tradição de enunciação que é a poesia, necessariamente depende do tropo da hipérbole, um derrubamento (ou uma superação, ou um exceder-se) que está mais próximo da simplificação pela intensidade do que do exagero. A transcendência do humano no sentimento é uma experiência (ou ilusão) universal, e ela própria transcende a maior parte dos modos de enunciação. Shakespeare é peculiarmente bem-sucedido ao representar o sublime do sentimento, como no magnífico lamento de Cleópatra por Antônio:

> *A coroa da terra se derrete. Meu senhor!*
> *Oh, a grinalda da guerra está murcha,*
> *E a lança do soldado tombada! Rapazes e moças*
> *Ora se acham junto dos homens; foram-se os seres singulares,*
> *E nada resta de notável*
> *Sob a lua que nos visita.**

A lança do soldado serve de padrão de medida, e, como está tombada, toda distinção, toda diferença ("os seres singulares") desapareceu. Cleópatra habilmente lamenta que o sublime se foi com Antônio, enquanto fala admiravelmente em acentos sublimes, e isso nos informa que ela é tudo que restou do sublime. O que determina a presença ou ausência do sublime é o padrão de medida, no início as ideias platônicas, mas depois aperfeiçoado por Platão até um conhecimento pragmático capaz de responder às perguntas: Mais que? Igual a? Menos que? Estou seguindo a leitura heideggeriana que Hannah Arendt faz de *A república* no seu ensaio sobre a autoridade em *Between past and future* [Entre o passado e o futuro]. Cleópatra lamenta de

---

* The crown o' th' earth doth melt. My lord! / O, wither'd is the garland of war, / The soldier's pole is fall'n! Young boys and girls/ Are level now with men; the odds is gone, / And there is nothing left remarkable/ Beneath the visiting moon.

128

modo sublime e elegíaco a morte do sublime, pois tudo que resta é menos que Antônio perdido. O que Cleópatra sabe é que o sublime é agonístico, conhecimento crucial aos teóricos do sublime desde Longino até Weiskel.

Angus Fletcher, que me parece o autêntico precursor de Weiskel na minha geração de críticos, salientou em seu livro fecundo *Allegory* (1964) que "o sublime parece proporcionar ao poeta uma cosmologia". Tomando como seu o desejo longiniano de nos libertar do jugo do prazer, ou do simples tédio, Fletcher seguiu a longiniana *Defence of poetry* de Shelley ao enfatizar que a função do sublime era trabalhar, por via do "difícil ornamento" e das ambivalências intensificadas, a fim de nos fazer tomar parte de seu *agon*, sua batalha sem fim contra o superficial. *The romantic sublime*, de Weiskel, assim como a *Allegory* de Fletcher, compartilha o profundo desígnio de Longino e Shelley sobre nós. Temos de nos persuadir a renunciar aos prazeres mais fáceis em favor dos mais difíceis, ou, como o exprime Weiskel, temos de nos deslocar do sublime egotista ao sublime negativo:

> O sublime egotista culmina numa ambivalência intensa. A memória e o desejo pregam uma partida: eles nos levam a um seio aceitável, porém o preço da regressão e a solidão ou desamparo implícitos no seu objeto fizeram desse objeto uma coisa odiada. Nos termos do que Freud chamou de romance familiar, a identidade é considerada com toda a ambivalência não resolvida de uma crise edípica em que não existe, estranhamente, nenhum pai simbólico que venha dar resgate. No entanto, não podemos deixar de notar que a estrutura do sublime egotista se encerra precisamente no ponto da ambivalência em que encontramos o início do sublime negativo.

Todos os teóricos do sublime deparam com certas obras-primas da ambivalência emocional: a luta edípica, o tabu e a transferência se encontram entre elas. Os sentimentos iguais e contrários, as forças antitéticas que são irmãos ou irmãs inimigos, parecem ser a base emotiva para o sublime. Entretanto, a ambivalência ampliada demais torna-se ironia, a qual destrói o sublime. Com aguda consciência desse perigo, Weiskel procurou defender-se dele mediante o exemplo de Wallace Stevens, que, em um dos seus aspectos ou fases perpétuas, é uma última versão forte do sublime egotista de Wordsworth e de Walt Whitman. Como estrutura regressiva, o sublime de Stevens se recusa a crescer, mas, de qualquer modo, o que significa crescimento num poema, e para um poema, senão a perda do poder? Weiskel, como crítico sublime, em vez de simples moralista, firmou seu compromisso de fidelidade de modo claro e comovente: "Os poetas, contudo, estão à altura de tais riscos, quanto aos quais eles não têm, em todo caso, escolha alguma. Não é na assunção dos riscos espirituais que o romântico egotista paga pela *hybris* de sua sublimação. Nenhuma coisa é obtida gratuitamente. O preço está lá, e é pago no texto, não na circunstância extrínseca".

Neil Hertz, trabalhando à maneira desconstrutiva da retórica conceitual de Paul de Man, e também influenciado pelas revisões de Freud realizadas pelas feministas francesas, em *The end of the line* [O fim da linha], concedia crédito a Weiskel por insistir intensamente nas ansiedades do sublime pré-edípico ou maternal, mas o criticava pelo "alívio que, como intérprete, parece ter experimentado ao, finalmente, imputar tudo ao Pai". Hertz, na minha opinião: opta por esquecer que o sublime ocorre *entre* a origem e o objetivo ou fim, e que o único tropo ocidental que elude tanto origem como fim é o tropo do Pai, o que equivale apenas a dizer que não falamos de "Pai Natureza". Na verdade, Weiskel está mais próximo de Freud do que o estão Lacan ou Derrida, porque ele não interpreta seu Freud através de Heidegger.

Em todo o *The romantic sublime*, Weiskel trabalha com vista a um difícil tipo de crítica literária, a um só tempo moral ou primária e desidealizadora ou antitética. Talvez não seja possível alcançar isso; no que me toca, com certeza não consegui alcançá-la. Na crítica a respeito de Wordsworth, esse procedimento reconciliaria Matthew Arnold e A. C. Bradley, M. H. Abrams e Geoffrey Hartman. Talvez Wordsworth, como poeta da natureza e poeta do sublime, possa conciliar críticos tão divergentes, porém eles devem necessariamente fracassar em conciliar-se uns com os outros. Mas a tentativa de Weiskel é, em si mesma, sublime; ela exige a renúncia aos prazeres mais fáceis em favor dos mais difíceis, e talvez demarque sempre um dos limites da crítica do século XX sobre os poetas do alto romantismo. Imensamente estimulado que sou por todo o estudo de Weiskel, sinto-me mais instigado à meditação por sua audaciosa tentativa de definir a imaginação wordsworthiana:

O que, pois, é este "Poder terrível" a que Wordsworth chama "Imaginação"? Na última versão [de *O prelúdio*], Wordsworth nos dirá que o poder é "assim chamado/ Pela triste incompetência da linguagem humana" (6.592-3), mas, é óbvio, o nome está inteiramente correto, pois o poder da visão cresce em intensidade desde a memória, mediante a ênfase, até a oclusão do visível. A Imaginação pode ser estruturalmente definida como um poder de resistência ao Verbo, e, nesse sentido, ela coincide exatamente com a necessidade psicológica de originalidade. Porém, uma definição estrutural apenas localiza uma experiência; como uma experiência ou um momento, a Imaginação é uma extrema consciência do ser a tomar vulto no recuo dialético em face da extinção do ser, imposta por uma iminente identificação com a ordem simbólica. Daí a Imaginação elevar-se "qual emanação bastarda": ela é, a um só tempo, a necessidade do ego e sua tentativa de ser *bastardo*, de originar-se a si próprio e, desse modo, negar o reconhecimento a um poder superior. A imaginação não é uma evasão do complexo de Édipo, mas uma rejeição dele. De certo ponto de vista (aquele, por exemplo, implicado pela história da influência poética), essa rejeição é puramente ilusória, uma ficção. Rejeitar o complexo de Édipo não é, afinal de contas, dissipá-lo. Mas a ficção é necessária e redentora; ela fundamenta o ser e garante a possibilidade — a oportunidade para uma certeza de si mesmo — da originalidade. E, assim, Wordsworth pode dirigir-se à sua "alma consciente" (1850) e dizer: "Reconheço tua glória".

Uma ficção necessária e redentora é tanto um tropo stevensoniano como também um retorno à aspiração que o próprio Weiskel tinha de estabelecer uma estrutura e uma psicologia para a transcendência. A esperança, como em Emerson e Stevens, é uma modificação bem americana do *ethos* protestante europeu, e Weiskel toma seu legítimo lugar nessa tradição, ao mesmo tempo escolhendo-a e sendo escolhido por ela. A tradição fora antes modificada, pelo Iluminismo europeu, por meio de uma transformação, na verdade, uma redução redentora, da transcendência naquele modo denominado a sensibilidade ou o sentimental.

O sentimental, não como uma exaltação vitoriana da moralidade de classe média, nem como uma celebração moderna da simplicidade natural do proletariado, é um modo crucial do pensamento e da emoção em meados e no final do século XVIII. Martin Price, um dos seus principais expositores, chama-o de "uma reivindicação veemente, por vezes desafiadora, do valor dos sentimentos do homem". Essa manifestação consciente de si própria, explicitamente dramática, sincera a despeito de suas implicações teatrais, foi considerada como demonstração de um espírito receptivo, compassivo e humanitário, e então denominada "sensibilidade". Seu grande exemplar foi Rousseau; e seu principal representante britânico, o insólito romancista Laurence Sterne.

Numa fusão complexa, a paixão pelo estilo sublime, agonístico e transcendental, foi capaz de se reconciliar com a reatividade mais branda da sensibilidade. Essa fusão anima os poetas Young, Thomson, Gray, Collins, Smart e Cowper, e figura também nas imposturas arcaicas de Macpherson como Ossian, e de Chatterton como Rowley. Em Robert Burns e no Blake inicial, a união instável da sensibilidade e do sublime ajudou a estimular os únicos poetas do século XVIII capazes de rivalizar com Dryden e Pope. A aura dos poetas da sensibilidade e do sublime desde então permeou a poesia anglo-americana, em parte através de seus descendentes românticos, em parte devido a uma curiosa modernidade que apreendemos no arriscado equilíbrio e nos destinos com frequência catastróficos desses poetas ávidos de perdição. O magnífico poema lírico "The castaway" ["O náufrago"] de William Cowper se encerra com o *motto* perfeito para a poesia da sensibilidade e do sublime, uma poesia limítrofe que teme, ainda que corteje, a loucura:

> *Nenhuma voz divina abrandou a tormenta,*
> *Nem brilhou qualquer luz propícia,*
> *Quando, arrancados a todo eficaz amparo,*
> *Nós perecemos, cada qual a sós:*
> *Mas eu submerso em um mar mais crespo,*
> *Em abismos mais profundos do que os dele.**

Blake, que não temia nem cobiçava a loucura, tornou da sensibilidade à transcendência, mas a um preço que parecemos relutar em compreender.

Como um vitalista heroico, Blake deita fora todos os dualismos; como um visionário apocalíptico, em certos aspectos parece um tipo de gnóstico, e o gnosticismo é o modo mais dualista da crença já defendido na tradição ocidental. O Blake de Northrop Frye transcende imaginativamente a ficção cindida apresentada por um monismo e um dualismo simultâneos, e consegue escapar às consequências de inumeráveis contradições na postura e no argumento mediante procedimento similar, quase como se Blake fosse Hegel, porém crucificado, por assim dizer,

---

* No voice divine the storm allayed,/ No light propitious shone,/ When, snatched from all effectual aid,/ We perished, each alone:/ But I beneath a rougher sea,/ And whelmed in deeper gulfs than he.

de cabeça para baixo. *Fearful symmetry* [Terrível simetria], em minha opinião, continua a ser a melhor obra de Frye, em vez de *Anatomy of criticism* [Anatomia da crítica] ou *The great code* [O grande código], mas, como um comentário sobre Blake, ele me parece uma bela idealização da qual não posso mais participar. Apenas dois livros importavam verdadeiramente a Blake, como observou Frye: a Bíblia e Milton. A Bíblia de Blake é indistinguível do *Great code* blakiano de Frye, e hoje repudio meu empenho juvenil em judaizar William Blake num livro chamado *Blake's apocalypse* [O apocalipse de Blake] e numa obra anterior, *The visionary company* [A companhia visionária]. A Bíblia hebraica é cancelada, e não consumada, na mitologia cristã de Blake e de Frye. E, da mesma forma, Milton também é cancelado, e não consumado, em *Milton: a poem in two books* [Milton: um poema em dois cantos], de Blake. Tal é o procedimento normal dos poetas fortes, e a crítica nos faz um desserviço quando idealiza a relação entre a Bíblia e Blake, ou entre a Bíblia e Milton. A figura de Milton em Blake é apenas isto, um tropo, uma tentativa figurativa de translado, e hoje eu diria uma tentativa fracassada, embora um belo fracasso.

Se somos monistas, sobretudo de uma espécie de vitalistas heroicos, então necessitamos de uma psicologia da vontade e não de uma psicologia profunda do tipo que parte de Platão, passando por Montaigne, para culminar por fim em Sigmund Freud. A psicologia profunda é um modo dualista, consoante com uma retórica e com uma cosmologia dualistas. Nunca devemos nos esquecer que a psicologia, a retórica e a cosmologia são três nomes de uma única entidade. Blake confunde, e, em última análise, é ricamente confuso, pois sua psicologia pessoal é sempre dualista, apesar de seus desejos, ao passo que sua retórica e sua cosmologia manifestam uma cisão que oscila entre as visões monista e dualista. De maneira mais simples, Blake rejeita a natureza e o homem natural, de um modo veementemente gnóstico, enquanto afirma simultaneamente a postura oximorônica daquilo que certa vez denominei um humanismo apocalíptico. Eu não mais o chamaria assim, e dou comigo a desejar que Blake tivesse sido capaz de perceber que lhe faltava uma verdadeira psicologia da vontade poética, a despeito de suas incessantes tentativas de mitificar tal psicologia. A vontade nietzschiana da vingança contra o tempo, e contra o "Era" do tempo, é também a vontade de Blake, porém ele iludiu a si próprio numa visão muito diversa. Embora sua profecia fosse negativa e apocalíptica, ele a deturpou como sendo a postura de Isaías e de Milton, nenhum dos quais abriria mão da história em favor do Acusador.

Blake gravou as chapas de metal de sua breve epopeia *Milton* em 1809 e 1810, mas o poema parece ter sido escrito de 1800 a 1803, ainda que tenha sido substancialmente revisado até ser gravado. Isso o torna quase contemporâneo ao *Prelúdio* em duas partes de Wordsworth, datado de 1799, seu grande rival, no alto romantismo, no translado da epopeia miltoniana. Assim como o *Paradise regained* [Paraíso reconquistado], a obra de Blake tinha como modelo temático o Livro de Jó; a audaciosa originalidade de Blake advém de sua representação de John Milton como herói épico. Como o *Prelúdio* de 1799, o *Milton* de Blake pode ser considerado um poema lírico de crise prolongada, pois uma internalização do sublime agonístico é fundamental em ambos os poemas, com John Milton como força procriadora e como o outro agonístico. Lembro-me de escrever certa vez que a ousadia de Blake não é emulada em parte alguma da poesia moderna, a qual não nos concede obras tais como, digamos, *Browning: a poem in two books* escrito por Ezra Pound, ou *Eliot agonistes* por Robert Lowell. Eu teria prazer em ler uma epopeia breve inteiramente centralizada em Auden ou Stevens, escrita por James Merrill, ou um longo monólogo dramático dito por Whitman ou Stevens, composto por John Ashbery. Merrill flertou com tal modo em partes de *The changing light at Sandover* [A luz cambiante em Sandover], enquanto Ashbery fantasmagoricamente se abeira de tais momentos em *Litany* [Litania] e *A wave* [Uma vaga]. Blake permanece único entre os poetas mais fortes do pós-Iluminismo ao levar até o fim muitas das implicações de semelhante aventura.

Quero refletir de modo mais abrangente sobre uma dessas implicações. É possível "corrigir" um poeta precursor sem o caricaturar ferozmente? Há de fato algum sentido em que um grande poema pode consumar ou completar um poema da mesma eminência escrito por outro poeta anterior? Não conheço problema mais essencial do que esse em todo o controvertido campo da poesia e da crença, pois uma resposta, se a pudéssemos encontrar, poderia definir para sempre o que Andrew Marvell, em seu poema sobre o *Paraíso perdido*, entende por "colocar sob suspeita" a intenção do argumento de Milton, uma suspeita que leva a um suposto medo de que ele "fosse pôr abaixo (pois seu poder bastava a tanto) / As verdades sagradas para a Lenda e o Antigo Canto".

Todos os poetas fortes, seja Dante, Milton ou Blake, têm de pôr abaixo as verdades sagradas para a lenda e o antigo canto, precisamente porque a condição essencial para a força poética é que o novo canto, o da própria pessoa, sempre deve revelar-se o canto do ser de alguém, quer se chame a *Divina comédia*, o *Paraíso perdido*, ou *Milton: um poema em dois cantos*. Toda verdade sagrada que não pertence à própria pessoa torna-se uma lenda, um antigo canto que requer uma revisão corretiva. Dante completa e consuma Virgílio; Milton translada a todos, inclusive ao Javista; e Blake também reescreve Milton e a Bíblia, de forma a torná-los comentários sobre a sua própria Bíblia do Inferno. Certa vez pensei que tais caricaturas sublimes, feitas de precursores, fossem os produtos de um tipo de repressão poética, pois a repressão é, afinal de contas, uma forma de idealização — embora Freud insistisse nesse assunto de maneira contrária, com a repressão sempre tendo precedência, de modo que toda idealização dependesse da repressão.

Mas existem outros impulsos em nós além de Eros e Tânatos, o que suponho seja a razão de ansiarmos pela poesia, quer tenhamos ou não consciência disso. Há também a vontade de que o próprio nome não se disperse, para adotar a linguagem do escritor J. A vontade do poeta forte não é idêntica seja à vontade de viver seja à vontade de morrer. A imor-

136

talidade poética não é um tropo para o medo da morte nem para a bênção de mais vida, e pelo menos uma vez Freud admitiu algo assim. Não estou sugerindo que o impulso poético deva ter o mesmo status cognitivo em Freud que Eros e Tânatos. Em vez disso, a vontade poética de imortalidade, ou a ânsia pela prioridade, mostra que os dois impulsos freudianos são eles mesmos tropos defensivos, ou o que Freud chamava de superstições. Freud achava que a ambição pela imortalidade era mais uma superstição, mas a mim me parece que ela é mais primitiva do que isso, e tem prioridade sobre todos os tipos de crença. Na visão de Freud, somente um pequeno número de eleitos entre nós não eram neuróticos obsessivos, a recalcar impulsos assassinos contra nossos entes queridos. Só uns poucos conseguiam libertar o pensamento deles de seu passado sexual, e alcançar assim a superstição superior do próprio Freud, que asseverava que "A minha própria superstição tem suas raízes na ambição reprimida (imortalidade) e, no meu caso, ocupa o lugar dessa ansiedade acerca da morte que procede das habituais incertezas da vida".

Essa sentença freudiana seria um magnífico comentário sobre o *Lycidas* de Milton, ou sobre o *Milton* de Blake. Blake idealiza sua ambição mais do que faz Milton em *Lycidas* e nas invocações do *Paraíso perdido*, e, decerto, mais do que Freud. O impulso imaginativo ou a vontade poética do *Milton* de Blake é essencialmente autobiográfico, na medida em que Blake representa a si mesmo como seu próprio Jó, sobrepujando um Satã puramente pessoal ao seguir o exemplo não do Milton histórico, mas de seu próprio Milton, o que significa dizer de seu próprio senso de vocação poética. O Milton de Blake se ergue do céu de sua própria visão, onde se encontra infeliz, e resolve descer. Ele está bem enfarado com um céu carente de imaginação, em que ele não tem absolutamente nada a fazer exceto perambular "ponderando os meandros intricados da Providência", numa malcriada paródia blakiana dos Anjos Decaídos no *Paraíso perdido*. Portanto, o Milton de Blake "despiu-se do manto da promessa & descingiu-se do juramento a Deus", tornando-se

137

um antinomiano, e abandonando inteiramente o calvinismo de uma vez por todas. "Para reivindicar os Infernos, minhas Fornalhas", diz este Milton, "lanço-me à Morte Eterna", o que significa que, como Christopher Smart em *Jubilate Agno*, esse bardo verá "a fornalha aparecer por fim" em nossa vida generativa, duramente chamada de morte eterna pela assembleia plangente que Milton deixa atrás de si nos céus. A descida de Milton através da sombra dos ciclos da história se parece com a queda de seu próprio Satã, um cometa ou uma estrela a seguir para fora e para baixo. Blake contempla o alto e nos narra o que vê, ou o que quer ver:

> *Então primeiro o vi no Zênite qual uma estrela cadente*
> *Descendo perpendicular, ligeiro como a andorinha ou o andorinhão*
> *E, em meu pé esquerdo, caindo sobre o tarso, lá entrou;*
> *Mas do meu pé esquerdo negra nuvem excessiva espalhou-se*
> *[pela Europa...**

O mais antigo, Milton foi o Lúcifer de Blake, um Satã antes da Queda mas no ato de descer, pois o precursor tem de cair se o bardo tardio deve experimentar em si mesmo a encarnação do caráter poético. O tarso (o osso em que ele pousa) alude a Saulo de Tarso, prostrado por uma grande luz na estrada para Damasco, justo como Blake aqui é fulminado pela súbita iluminação perpendicular da verdade da queda de Milton em nosso universo de morte. Foster Damon equiparou essa nuvem negra e excessiva, espalhada sobre a Europa, ao puritanismo, porém ela é mais precisamente a sombra de Milton, ou a influência miltônica sobre os poetas que lhe sucederam. Blake quer a iluminação em vez da sombra, de sorte que seu tornozelo, o tropo da postura poética, será emblemático da transformação poéti-

---

* Then first I saw him in the Zenith as a falling star/ Descending perpendicular, swift as a swallow or swift/ And on my left foot falling on the tarsus, entered there;/ But from my left foot a black cloud redounding spread over Europe...

138

ca, da de Saulo em Paulo. Assim, numa revisão de seu próprio tropo, Blake aventa, pois, uma ousada identificação com Milton, como se os dois verdadeiramente pudessem se tornar um único poeta:

Mas Milton penetrando meu Pé; eu vi nas ínferas
Regiões da Imaginação; também todos os homens na Terra,
E todos no Céu, vi-os nas ínferas regiões da Imaginação
Em Ulro sob Beulah, a vasta abertura da descida de Milton.
Porém ignorava que fosse Milton, pois homem algum pode saber
O que lhe atravessa os membros, até que períodos de Espaço &
[Tempo
Revelem os segredos da Eternidade: pois mais extensos do que
Quaisquer coisas terrenas são os lineamentos terrenos do Homem.
E todo este Mundo Vegetal surgiu em meu Pé esquerdo,
Como uma brilhante sandália imortal de pedras preciosas & ouro:
Inclinei-me & amarrei-a para seguir adiante, através da Eter-
[nidade.*

Interpreto isso tanto como um espantoso tributo à visão monista de Milton quanto à sua influência benéfica sobre Blake e sua poesia, quanto como uma autorrevelação involuntária da parte do poeta Blake, uma confissão de sua incapacidade de levar a cabo o vitalismo heroico de seu precursor teomórfico. O que Blake em geral chama com desdém de "este Mundo Vegetal" ora aparece em seu pé como uma sandália feita de "pedras preciosas & ouro". Essa visão redimida, ou monista, da nature-

---

* But Milton entering my Foot; I saw in the nether/ Regions of the Imagination; also all men on Earth/ And all in Heaven, saw in the nether regions of the Imagination/ In Ulro beneath Beulah, the vast breach of Miltons descent./ But I knew not it was Milton, for man cannot know/ What passes in his members till periods of Space & Time/ Reveal the secrets of Eternity: for more extensive/ Than any other earthly things, are Mans earthly lineaments./ And all this Vegetable World appeared on my left Foot,/ As a bright sandal formd immortal of precious stones & gold:/ I stooped down & bound it on to walk forward thru' Eternity.

za, decorre de "Milton penetrando meu Pé", mesmo que Blake tenha cuidado em asseverar que sua própria vontade poética tem de escolher aceitar a dádiva: "Inclinei-me & amarrei-a para seguir adiante, através da Eternidade". O Milton de Blake, no final de *Milton*, profere uma grande declaração em que a imagística da remoção das vestes falsas, que perpassa todo o poema, alcança uma apoteose:

> *Para purificar a Face do meu Espírito por meio da Introspecção,*
> *Para banhar nas Águas da Vida; para lavar o Não Humano,*
> *Eu venho no Autoaniquilamento & na grandeza da Inspiração,*
> *Para expulsar a Demonstração Racional por meio da Fé no*
> *[Salvador*
> *Para expulsar os pútridos andrajos da Memória por meio da*
> *[Inspiração,*
> *Para expulsar Bacon, Locke & Newton do abrigo de Albion*
> *Para despir suas vestes imundas & vesti-lo com a Imaginação*
> *Para afastar da Poesia tudo o que não seja Inspiração [...]**

Eis aí, com efeito, o ponto crucial: por que deveria a memória que Blake tem da poesia de Milton ser a dos "pútridos andrajos da Memória", e alguém seria capaz de "afastar da Poesia tudo o que não seja Inspiração"? A memória não é apenas o principal modo de cognição em poesia; ela é também, pragmaticamente, a grande fonte de inspiração. Blake não escreveu *Alexander Pope*: *a poem in two books*, porque não foi Pope quem o predeterminou. Milton e a Bíblia enclausuraram Blake, do mesmo modo como Freud agora nos enclausura, quer o saibamos ou não. Blake tinha ciência de seu enclausuramento, no

---

* To cleanse the Face of my Spirit by Self-examination,/ To bathe in the Waters of Life, to wash off the Not Human,/ I come in Self-annihilation & the grandeur of Inspiration/ To cast off Rational Demonstration by Faith in the Saviour/ To cast off rotten rags of Memory by Inspiration/ To cast off Bacon, Locke & Newton from Albions covering/ To take off his filthy garments, & clothe him with Imagination/ To cast aside from Poetry, all that is not Inspiration...

entanto o idealizava numa repressão poderosamente produtiva. Se o produto, como em *Milton*, não se inclina mais à crença que à poesia agora me parece muito mais problemático do que foi algum dia. Seria *Milton* mais o produto da vontade poética, de Los, o profeta com seu malho "nas ruínas que não inspiram piedade derrubando as pirâmides do orgulho", ou seria o produto da própria ansiedade passional de Blake, de Luvah "raciocinando a partir dos quadris nas formas irreais da noite de Beulah"?

A sombra de Milton, para Blake, havia penetrado no pesadelo da história, que inclui o representante daquele pesadelo mais amplo, a história da poesia. Blake nos disse que "em Milton, o Pai é o Destino, o Filho, uma Razão dos cinco sentidos & o Espírito Santo, o Vácuo!". Começo a recear que, em Blake, o Pai seja Milton, o Filho, o próprio Blake, o que é uma profunda redução de Milton e da Bíblia, e o Espírito Santo da inspiração, uma súplica especial não muito convincente. Blake, como os poetas da sensibilidade, deixou-se ficar naquele teatro mental, naquele *kenoma* ou vacuidade sensível, que se posta entre a verdade do iluminismo e o sentido do alto romantismo. Ele não poderia pôr abaixo as verdades sagradas, nem da lenda nem do antigo canto, nem de uma história que claramente poderia emergir do abismo do seu próprio ego forte, como emergiu de Wordsworth, mesmo quando Blake escrevia suas próprias epopeias curtas. Blake é dos últimos de uma antiga linhagem de poetas; Wordsworth foi o primeiro da linhagem de poetas que ainda temos conosco. Blake é arcaico, como talvez desejou ser. Wordsworth é mais moderno que Freud, mais pós-moderno que Samuel Beckett ou Thomas Pynchon, porque Wordsworth achou, só, o novo caminho — ai de nós, o nosso caminho — para pôr abaixo verdades sagradas.

Faz apenas dez anos desde que li pela primeira vez *O prelúdio* de duas partes, datado de 1799, um poema com menos de mil versos, publicado somente em 1974. Lê-lo novamente é uma experiência extraordinária, em parte pelo choque de recontextualização que o poema por força proporciona a qualquer leitor que esteja profundamente familiarizado com *O prelúdio*, do modo como o finalizou Wordsworth em 1805, ou com a obra de 1850, publicada postumamente, a qual recebeu seu título curiosamente enganoso da viúva do poeta. Para Wordsworth, ele sempre foi seu "poema a Coleridge", e a primeira parte da sua obra-prima projetada, *The recluse* [O recluso]. Temos a grata surpresa de encontrar num único local todas as grandes passagens dos "sítios do tempo", mas a experiência estética de apreender o *Prelúdio* de duas partes transcende esse prazer. Por quase mil versos passamos de altura em altura, sem nenhum daqueles baixios e lugares de repouso de que os dois *Prelúdios* mais longos têm de sobejo. Os primeiros quatro cantos do *Paraíso perdido*, e também o sétimo e nono cantos da epopeia de Milton, são os únicos exemplos comparáveis de semelhante sublimidade prolongada na poesia de nossa língua. Talvez *Night the ninth, being the Last Judgement*, de *The four zoas* de Blake, seja mais um rival, porém *Night the ninth* ultrapassa o sublime por ter um desígnio assaz direto a nosso respeito. Voltar à vida cotidiana depois de o ler vez por outra me proporciona aquela sensação peculiar que todos nós acolhemos quando saímos de uma matinê de cinema para a luz do sol em uma tarde de verão. Wordsworth dá-nos um sublime com que podemos conviver, e nunca de modo mais terno do que no *Prelúdio* de duas partes.

A crítica, observou Oscar Wilde, é a única forma civilizada de autobiografia, e Oscar sempre estava certo. Jamais senti alguma afinidade particular com Wordsworth, como senti com Blake e Hart Crane quando era jovem, e como sinto com Shelley e Wallace Stevens desde a época em que estudava na universidade. Não acho que amei a poesia de Wordsworth, do modo como amo a poesia de Walt Whitman ou de Emily Dickinson, ainda os poetas mais fortes que nosso país já produziu. Mas leio Wordsworth da maneira pessoal com que leio a Bíblia hebraica, à procura de consolação, pela qual não entendo alegrar-me a mim próprio. À medida que passam os anos, desenvolvo um horror cada vez maior da solidão, de me surpreender tendo de me defrontar com noites sem sono e com dias de frustração nos quais o ser deixa de saber como conversar consigo próprio. Wordsworth, mais do que qualquer outro poeta, ensina-me como suportar o peso de continuar a conversar comigo mesmo. Não creio que somente o processo de envelhecimento, ou as tristezas do romance familiar, ou as vicissitudes da pulsão se qualifiquem como as fontes mais verdadeiras de nossa necessidade de perpetuamente reaprender a conversar com nós mesmos. O único transcendentalismo de Freud foi sua exaltação do princípio da realidade, a desencantadora aceitação de nossa própria mortalidade. Todos temos dentro de nós algum vestígio do platonismo. Freud era encantado por estar desencantado, pelos prazeres de deixar de ser iludido. Meu maior elogio a Freud é dizer que ele é o Wordsworth do século XX, curiosa observação para se fazer meio século após sua morte. Proust e Kafka são os poetas centrais do século XX, e o legítimo representante deles subsiste conosco em Samuel Beckett, decerto o mais importante escritor vivo no Ocidente. Mas esses últimos exemplares do sublime apenas nos são acessíveis como versões do insólito freudiano, nosso limite conceitual para o sublime. Freud é nosso Wordsworth, mas não me sacrifica Wordsworth, como me sacrificou Blake. A gente não perde Wordsworth, e gostaria de explicar por que, se eu puder.

Meu falecido professor Frederick Pottle escreveu um ensaio sobre Wordsworth e Freud intitulado "A teologia do inconsciente". Suponho que seja o elo apropriado; nem Wordsworth nem Freud eram teólogos inconscientes — entretanto, ambos buscavam substituir um deus moribundo por um novo, o deus do ser interior em perpétuo crescimento. Isso faz de ambos descendentes do meu arauto bíblico menos favorito, o doentio Jeremias, mas Wordsworth e Freud eram muito mais benignos do que o histericamente poderoso Jeremias. Este nutria uma paixão positiva pela destruição que lamentava, ao passo que aqueles sentiam profunda afeição por todos nós e imensa simpatia por nosso mal-estar com a cultura. Todavia, receio que

143

Wordsworth e Freud foram também responsáveis por inscrever a Lei em nossas partes internas, e, assim, levando a cabo o programa iluminista de internalizar todos os valores. Isso parece uma acusação injusta quando se leva em conta a insistência de Wordsworth na progressiva e cada vez maior humanização do coração humano pela qual vivemos, e a incessante ênfase de Freud na constatação da realidade. A alteridade é o ensinamento explícito de Wordsworth e de Freud, seja o outro o objeto dos afetos do coração ou o objeto das pulsões. Entretanto, algo há de equívoco nessa alteridade, freudiana ou wordsworthiana, porque, tropologicamente, tal alteridade é um tipo de morte, uma figuração da própria morte de uma pessoa.

Nosso pai Freud, em "Luto e melancolia", refletiu sobre esse sutil e perigoso equívoco: "Como condição básica da qual procede o instinto de vida, chegamos a reconhecer um amor-próprio do ego, o qual é tão imenso, com o medo que cresce com a ameaça da morte vemos liberado um volume tão vasto de libido narcisista, que não podemos conceber como este ego é capaz de conceber em sua própria destruição".

No entanto, o que não podemos conceber, o ego certamente concebe; ele cria o ser interior. Se apenas o ser interior pudesse permanecer consigo, então tudo poderia estar bem, mas Freud pesarosamente nos diz que "o homem deve, em última análise, começar a amar para que não adoeça". Wordsworth nos diz o mesmo, com um pesar menos declarado, no *Prelúdio* de 1805 e depois, mas de forma alguma no *Prelúdio* de duas partes de 1799, que deve muito do seu extraordinário poder ao seu amor-próprio sublimemente tranquilo. O que o poema chama natureza é autenticamente uma alteridade, mas uma alteridade sem a distração de outros eus. Há, naturalmente, Coleridge, a quem o poema é dirigido, porém ele não é uma ausência nem uma presença; ele é Horácio para o Hamlet de Wordsworth, e, assim, um substituto para o público leitor. Todavia, a natureza, como uma dura e fenomenal alteridade, certamente não é um substituto para coisa alguma, e é notavelmente similar ao princípio de realidade de Freud, o contexto que envolve o ser interior, um contexto que tem início como universo do sentido e termina como universo da morte. Se o iluminismo europeu pode ser definido como um alto racionalismo, uma confiança na capacidade da nossa razão de apreender o mundo acuradamente e, por meio dessa apreensão, nele alterar o que necessita de alteração, então a natureza wordsworthiana de certo modo demarca o limite desse racionalismo iluminado. Entretanto, tão dialética é a poesia de Wordsworth que em um modo inteiramente diferente a visão que ele tem da natureza leva ao ápice o programa do iluminismo para a razão. O *Prelúdio* de duas partes gira continuamente, assim como boa parte da poesia da grande década de Wordsworth, em torno do *topos* do como e em que medida a mente do poeta é senhor e mestre, e o sentido exterior, o servo da vontade da mente. Qualquer sublime que se baseie no poder da mente sobre um universo da morte tem de fazer-se em pedaços naquela rocha da alteridade, constituída, por fim, pela morte, nossa morte.

A neurose, de acordo com Freud, é consequência da tentativa de abolir o passado pessoal do indivíduo; isso dificilmente quer dizer que Freud considerasse o passado como sendo diferente de um fardo intolerável. Em Wordsworth, o passado não é um fardo mas uma força, sem a qual caímos no estado de morte-em-vida. Suponho que essa diferença seja o que faz de Freud um continuador do iluminismo, ao passo que Wordsworth é algo mais, um alto romântico, como agora o poderíamos chamar. Se existe semelhante diferença entre Freud e Wordsworth quanto à alteridade da morte parece-me algo mais problemático. Como o tropo do pai, da Bíblia em diante, é o único tropo ocidental que não participa nem das origens nem dos fins, ao passo que o tropo da mãe permeia tanto origens quanto fins, é bem convincente que Freud associe de maneira explícita qualquer morte ao modo como "todo passado se agita dentro de alguém". A culpa, segundo Freud, é sempre a culpa de ter sobrevivido ao pai, presumivelmente por causa do desejo reprimido de tê-la assassinado. A segunda passagem do "sítio do tempo" no *Prelúdio* se concentra na morte do pai de Wordsworth, ocorrida em dezembro de 1783, cinco anos depois da morte da mãe do poeta. O Wordsworth de treze anos espera numa serrania, acompanhado de dois de seus irmãos, pelos cavalos que os levariam para casa no Natal:

> *Era um dia*
> *Tormentoso, rude e turbulento, e na grama*
> *Sentei-me, parcialmente protegido por um muro nu.*
> *Em minha mão direita, uma única ovelha,*
> *Na esquerda, o pilriteiro assobiante, e lá,*
> *Os dois companheiros a meu lado, observava*
> *Forçando intensamente a vista, de vez que a névoa*
> *Revelava panoramas intermitentes do bosque*
> *E da planície embaixo. Antes que retornasse à escola,*
> *Naquela ocasião lúgubre, antes que tivesse me demorado*
> *Por dez dias na casa de meu pai, ele morreu,*
> *E eu e meus dois irmãos, órfãos,*
> *Seguimos seu corpo até a cova.**

Desses dois companheiros ao pé do muro nu, o pilriteiro deixou de assobiar e tornou-se crestado no *Prelúdio* revisório de 1850. O despojamento da cena é crucial, na medida que seus atores principais são o tempo e a elevação escalada pelo Wordsworth de treze anos, que se localiza numa encruzilhada edípica, "o ponto de encontro de duas estradas". Toda a passagem, assim como todos os sítios do tempo, apresenta uma intensidade curiosamente reprimida, uma euforia de expectativa, ou ânsia de esperança, como o poeta logo a chamará. Essa expectativa, como se acelerasse o acontecimento, é a da morte do pai, que Wordsworth não

---

* 'Twas a day/ Stormy, and rough, and wild, and on the grass/ I sate half sheltered by a naked wall./ Upon my right band was a single sheep,/ A whistling hawthorn on my left, and there,/ Those two companions at my side, I watched/ With eyes intensely straining, as the mist/ Gave intermitting prospects of the wood/ And plain beneath. Ere I to school returned/ That dreary time, ere I had been ten days/ A dweller in my father's house, he died,/ And I and my two brothers, orphans then,/ Followed his body to the grave.

poderia ter conhecido em qualquer sentido consciente. No entanto, isto é o que sucede a imagem da procissão funeral dos órfãos:

O acontecimento
Com todo o pesar que nos causou, parecia
Uma punição; e quando eu recordava
Aquele dia, tão recente, quando, do penhasco,
Olhava em tal ânsia de esperança,
Com as ponderações banais da moralidade,
Mas com a mais profunda das paixões, curvava-me, a saudar
*A Deus, que assim me corrigia os desejos.**

Deus não é aludido muitas vezes no *Prelúdio*, e Ele talvez não seja totalmente idêntico à terceira presença anônima do poema que, em momentos de crise, inclui tanto a natureza quanto a imaginação de Wordsworth. O *Prelúdio*, assim como seu antepassado mais próximo, o *Paraíso perdido*, não é um poema agostiniano. Afinal de contas, santo Agostinho dividia com Deus o universo, mas Milton e Wordsworth estavam totalmente sós no cosmo. Hazlitt, em suas "Observações acerca de *The excursion*", astuciosamente associava Wordsworth à revisão que Milton faz do Gênesis na invocação do Espírito Santo: "Talvez se possa dizer que ele cria sua própria matéria; os pensamentos dele são o seu real assunto. Sua compreensão paira por sobre aquilo que é 'sem forma e vazio' e o torna fecundo. Ele vê todas as coisas dentro de si. Ele dificilmente recorre a objetos ou situações notáveis, mas, em geral, rejeita-os como interferência nas obras de sua própria mente, como perturbação do fluxo uniforme, profundo e imponente de seus próprios sentimentos".

Devido ao fato de *O prelúdio*, mais do que *The excursion*, ser mais bem interpretado como uma forte desleitura do *Paraíso*

---

* The event/ With all the sorrow which it brought, appeared/ A chastisement, and when I called to mind/ That day so lately passed, when from the crag/ I looked in such anxiety of hope,/ With trite reflections of morality,/ Yet with the deepest passion, I bowed low/ To God who thus corrected my desires.

perdido, Hazlitt proveitosamente alude à postura protestante da imaginação partilhada por Milton, Wordsworth e ele mesmo. É com uma paixão dissidente que o rapaz Wordsworth se curva reverencialmente a uma deidade que de modo nenhum obtém êxito na correção dos desejos de um grande poeta por gerar-se totalmente a si próprio. Aquilo a que Wordsworth denomina Deus tem muito a ver com essas "ponderações banais da moralidade", ao passo que "a mais profunda das paixões" está reservada para o mistério do ser interior em perpétuo crescimento. Essa paixão é esboçada na passagem seguinte, que teria sido a conclusão de um *Prelúdio* de cinco cantos que Wordsworth projetou em março de 1804:

> *E mais tarde o vento e a chuva de granizo,*
> *E toda a atividade dos elementos*
> *O carneiro solitário, a única árvore crestada,*
> *E a triste música daquele velho muro de pedra,*
> *O ruído do bosque e da água, e a névoa*
> *Que no curso de cada uma daquelas duas estradas*
> *Avançava em tais indisputáveis formas —*
> *Todos esses eram cenas e sons a que*
> *Daria reparo muitas vezes, e de lá havia de beber*
> *Como de uma fonte. E estou certo de*
> *Que nessa hora mais tardia, quando a tempestade e a chuva*
> *De dia ou à meia-noite batem em meu telhado,*
> *Quando estou nos bosques, desconhecidas para mim*
> *As obras do meu espírito daí me são trazidas.**

* And afterwards the wind and sleety rain,/ And all the business of the elements,/ The single sheep, and the one blasted tree,/And the bleak music of that old stone wall,/ The noise of wood and water, and the mist/ Which on the line of each of those two roads/ Advanced in such indisputable shapes —/ All this were spectacles and sounds to which/ I often would repair, and thence would drink/ As at a fountain. And I do not doubt/ That in this later time, when storm and rain/ Beat on my roof at midnight or by day/ When I am in the woods, unknown to me/ The workings of my spirit thence are brought.

Podemos nós definir aquela fonte? A sequência inteira obviamente era crucial para Wordsworth, já que pensou em colocá-la na conclusão do poema. Diz-se no *Prelúdio* de duas partes que os sítios do tempo "retêm uma virtude frutificadora", enquanto nos *Prelúdios* de 1805 e de 1850 "renovadora" substitui "frutificadora". Ajudar a mente a dar frutos é uma função mais forte do que renová-la, e talvez o melhor título para o poema de duas partes de 1799 tivesse sido "Sítios do tempo", de vez que nada no texto poderia deixar de confirmar esse notável oxímoro. "Sítios" supostamente são mais ou menos pequenos, e têm limites precisos, mas tal definibilidade se esvai quando eles são "do tempo". Numa famosa carta a Walter Savage Landor, Wordsworth expressou uma preferência por visões em que as margens das coisas se dissolviam, com toda fixidez e densidade postas em fluxo, com os limites recuando e as expectativas vindo à luz. Os sítios do tempo não são momentos do lugar, nem ocorrem em um lugar. As crenças podem se localizar num santuário ou num local similar, mas frutificações demandam um *continuum* temporal. A fonte de cenas e de sons não é um *topos*, mas um acontecimento que se estende por duas épocas e conserva vivo o passado no presente. Quando fala das obras de seu espírito, Wordsworth não descreve uma crença de que algo seja assim, mas uma crença numa aliança, uma aliança estabelecida entre sua mente atenta e uma presença dominadora não inteiramente distinta do seu melhor aspecto. O que testemunham os sítios do tempo é a dimensão espantosa da mestria da mente sobre o universo da morte, mas uma mente como essa é mais do que elitista, ela é teomórfica. Wordsworth celebra sua própria natureza divina, o que é uma asserção incômoda, como até mesmo eu reconheço. Mas o que mais seria o autêntico fardo da poesia de Wordsworth senão sua noção de estar predestinado a ser o profeta da natureza, como diz, sucedendo Milton, o profeta do protestantismo? Se existe crença no *Prelúdio*, ou em qualquer outra poesia vital da grande década, ela só pode ser crença na força imaginativa da própria infância divina do indivíduo. Comentando sua ode "Prenúncios de imortalidade", Wordsworth foi mais claro do que qualquer exegeta pode esperar ser:

> Na infância, nada me era mais difícil que admitir a ideia da morte como um estado aplicável ao meu próprio ser [...] não era tanto da fonte de vivacidade animal que advinha a *minha* dificuldade, quanto de um sentido da indomabilidade do espírito em mim. Costumava meditar sobre as histórias de Enoc e de Elias, e quase persuado a mim mesmo de que, seja o que for que os outros se pudessem tornar, eu deveria ser trasladado em alguma coisa do mesmo modo para o céu. Com um sentimento análogo a esse, eu era em geral incapaz de pensar as coisas exteriores como tendo existência exterior, e privava com tudo o que considerasse não distante da minha própria natureza imaterial, mas inerente a ela.*

"A indomabilidade do espírito em mim" é um sentimento protestante e miltoniano para Wordsworth, mas suponho que devamos agora identificar tal postura como wordsworthiana, visto que ele continua a ser nosso arquétipo do moderno poeta forte. Quem, desde ele, em qualquer língua ocidental, foi capaz de competir com ele? Por quase dois séculos já, Wordsworth triunfou no *agon* do sublime, a despeito de Hölderlin e Keats, Victor Hugo e Walt Whitman, Browning e Emily Dickinson, e, no século XX, Rilke, Valéry, Yeats e Wallace Stevens. Cada vez mais reconhecemos que há um *continuum* de Homero a Goethe, e que algo diferente tem início com Wordsworth, algo

---

* Nothing was more difficult for me in childhood than to admit the notion of death as a state applicable to my own being [...] it was not so much from the source of animal vivacity that my difficulty came as from a sense of the indomitableness of the spirit within me. I used to brood over the stories of Enoch and Elijah, and almost persuade myself that, whatever might become of others, I should be translated in something of the same way to heaven. With a feeling congenial to this, I was often unable to think of external things as having external existence, and I communed with all that I saw as something not apart from, but inherent in, my own immaterial nature.

que continua a começar, apesar de todas as ondas do modernismo, pós-modernismo ou o que se queira. Na mais longa perspectiva a que podemos chegar, o supostamente sóbrio e inofensivo Wordsworth continua a ser o poeta mais original e intrigante do século XIX ou XX. Ele também me parece em muito o mais difícil, e não apenas por ser inexaurível à meditação. Ele fez o que até mesmo Blake não poderia fazer, e, em certo sentido, o que até mesmo o próprio Freud não pôde levar a cabo, a despeito da assombrosa originalidade do fundador da psicanálise. Somente Wordsworth o fez de modo novo, começou de novo não apenas sobre uma tábula rasa da poesia, como afirmou Hazlitt, mas sobre uma tábula rasa da consciência humana.

Isso não quer dizer que Wordsworth tenha rompido com a tradição de Locke, com o iluminismo, mas ele modificou severamente o modo como a mente esclarecida apreendia a natureza e o destino da consciência humana. Em seu modo mais exaltado, a razão pode parecer um tropo do alto alemão quando deparamos com ela em Coleridge, mas ela também é algo diverso em Wordsworth, que sempre permaneceu essencialmente o pré-coleridgiano de "Culpa e tristeza" em vez de um idealista continental. Os Wordsworth de Geoffrey Hartman e de Paul de Man são igualmente dialéticos em suas negações, mas o verdadeiro Wordsworth da grande década ainda me parece um agonista miltoniano, em contenda não com a natureza, até mesmo em sua derradeira aparência de mortalidade, mas com o próprio Milton sagrado. Tal como sua força agonista e geradora, o Wordsworth que leio é um monista, além do vitalismo heroico por não necessitar de uma postura tão desesperada e tardia. O *Prelúdio* de 1799 completa o trabalho do *Paraíso perdido* ao eliminar a distinção entre a poesia sagrada e a secular. O que ele celebra em última análise não é a natureza nem Deus, nem mesmo uma presença que transcenda a própria força criativa de Wordsworth. Antes, o poema louva o próprio arrebatamento de Wordsworth, sua própria sublimidade exaltada, o *pathos* do bardo miltoniano emancipado de quaisquer representações que pudessem inibir o ser plenamente imaginado:

Mas que isso ao menos
Não seja esquecido: que eu ainda conservava
Minha primeira sensibilidade criativa;
Que pela regular ação do mundo
Minha alma era indômita. Um poder moldável
Continuava comigo, mão que dava forma, por vezes
Rebelde, agindo de maneira discordante,
Espírito local que só a si se pertencia, em guerra
Com a tendência geral, mas na maioria das vezes
Subordinado estritamente às coisas exteriores
Com que se comunicava. Uma luz auxiliar
Desprendeu-se de minha mente, que, no pôr do sol,
Concedeu novo esplendor; as aves melodiosas,
A brisa suave, as fontes que continuam jorrando
Tão ternamente murmurando em si mesmas, obedeciam
A império semelhante, e a tormenta, à meia-noite,
Enegrecia ainda mais, na presença de meus olhos.
Daí a minha deferência, daí a minha devoção,
E daí o meu arrebatamento.*

Como se três "daís" fossem insuficientes, Wordsworth deixa em destaque o último, de modo que podemos saber que a ordem da prioridade e a da autoridade se fundem aqui na própria "primeira sensibilidade criativa" desse poeta. "Primeira" assume seu sentido miltoniano de "a mais antiga", como o faz cinco vezes nos versos iniciais do *Paraíso perdido*. Como é simples substituir o

---

* But let this at least / Be not forgotten, that I still retained / My first creative sensibility, / That by the regular action of the world / My soul was unsubdued. A plastic power / Abode with me, a forming hand, at times / Rebellious, acting in a devious mood, / A local spirit of its own, at war / With general tendency, but for the most / Subservient strictly to the external things / With which it communed. An auxiliar light / Came from my mind, which on the setting sun / Bestowed new splendor; the melodious birds, / The gentle breeze, fountains that ran on / Murmuring so sweetly in themselves, obeyed / A like dominion, and the midnight storm / Grew darker in the presence of my eye. / Hence my obeisance, my devotion hence, / And *hence* my transport.

Satã de Milton por Wordsworth nas partes da proclamação de Wordsworth do "*daí* o meu arrebatamento": Eu ainda conservava meu primeiro ser gerado por si mesmo,/ Que pela ação do Tirano Celestial/ Minha alma foi submetida. Um poder imortal/ Continuava comigo, certa mão que dava forma, por vezes/ Rebelde, atuando de maneira discordante,/ Um nobre espírito que só a si se pertencia, em guerra/ Com a autoridade imposta. Entretanto Satã se vai, e surge um Wordsworth mais original, quando observamos uma "luz auxiliar" vinda da mente do poeta e concedendo novo esplendor ao sol que se põe, como o fará no término da ode "Prenúncios de imortalidade". Há, aqui, um translado da figura do pôr do sol no final de *Lycidas*, e da internalização pelo bardo cego da Santa Luz na invocação ao canto três do *Paraíso perdido*. Mas, por termos partido da sátira iluminista de Pope e Swift, passando pelo contrailuminismo da admoestação de Blake contra o raciocinar a partir dos quadris nas formas irreais da noite de Luvah, para chegar ao sublime egotístico verdadeiramente triunfante no preternaturalmente forte Wordsworth, eu preferiria terminar com um translado americano um tanto mais vulnerável do que o arrebatamento wordsworthiano. Nosso sublime americano exalta com mais franqueza a poesia acima da crença, e acolhe sua declaração clássica no ousado momento das *Songs of myself* [Canções de mim mesmo], onde nosso próprio pai, Walt Whitman, deliberadamente volta as costas a Wordsworth e se defronta com o terrível nascer do sol de nossa terra vespertina. No *pathos* de Walt Whitman, soberbamente medido e magnífico na consciência que tem de si mesmo, ouvimos nossa réplica aos exilados da tradição entre a verdade e o sentido:

Deslumbrante e imenso, quão rápido o nascer do sol me mataria,
Se eu não pudesse agora e sempre espargir de mim mesmo luz
*solar.**

---

* Dazzling and tremendous, how quick the sunrise would kill me,/ If I could not now and always send forth sunlight from myself.

6. FREUD E ALÉM

FREUD ESPECULOU que aquilo que esquecemos primeiro, e só depois lembramos, é o elemento mais importante num sonho, ou talvez em qualquer outra representação dos nossos desejos. "Importante", aqui, significa central para uma interpretação. A teoria da repressão de Freud, ou o esquecimento inconsciente porém intencional, encontra-se no centro de seu vasto projeto especulativo. Por conseguinte, sabemos muito acerca do esquecimento freudiano, mas quase nada sobre o que se poderia denominar recordação freudiana. Como a psicologia de Freud jamais foi uma psicologia das mudanças históricas, poderíamos esperar que sua concepção das pessoas como imutáveis no decorrer do tempo se ocupasse com aquilo que mais contribui para o imutável, ou seja, com a memória e seus descontentes. Se temos uma natureza inalterável, então o passado deveria exercer uma autoridade incontesta sobre nós. Mas o projeto terapêutico de Freud visa anular nossa história. Não apenas deve a sexualidade individual libertar-se do romance familiar, mas o próprio pensamento precisa ser libertado de seu passado necessariamente sexual — pelo menos no caso de alguns membros de uma elite forte o bastante para suportar a própria liberdade.

Freud recusava-se a estudar as nostalgias. Ele odiava o passado, e odiava os Estados Unidos, talvez por temer que fossem o futuro. Todavia, sua aversão pela América fundava-se na ignorância, ao passo que ele *conhecia* o passado e, assim, odiava-o com razão. Os judeus são incitados por sua tradição a lembrar-se, mas de maneira muito seletiva. Freud era peculiarmente judeu, de modos profundos que só agora começamos a entender. Notamos e aprovamos a engenhosidade de Freud ao transformar o grande obstáculo inicial à psicanálise, a transferência,

154

no grande instrumento pragmático da terapia analítica. Se há algo de inelutavelmente judaico acerca dessa transformação, então talvez possamos considerá-la como uma sinédoque para todas as metamorfoses judaicas do exílio em conquista. O povo errante ensinou a si próprio e aos outros a lição do sentido errante, uma errância que forçou inúmeras mudanças nos modos de interpretação acessíveis ao Ocidente. Dessas mudanças, a especulação freudiana talvez tenha sido a mais influente no século XX, no mínimo porque agora achamos difícil lembrar que a psicanálise, afinal, é tão só uma especulação, mais do que uma ciência, uma filosofia ou até mesmo uma religião. Freud está mais próximo de Proust do que de Einstein, e até mesmo mais próximo de Kafka do que do cientismo de Darwin.

O que marca a transferência freudiana é, acima de tudo, a ambivalência, que também é a marca específica da versão mitológica freudiana do tabu (em *Totem e tabu*, sua fecunda especulação cultural). Ambivalência, no sentido freudiano, é amor e ódio simultâneos dirigidos ao mesmo objeto. Tanto a transferência quanto o tabu são variações em torno da principal concepção de Freud: a ambivalência psíquica, o complexo de Édipo. Transformar um obstáculo à análise em uma técnica de análise equivale, pois, a converter em liberação humana o fardo humano das intensidades edípicas. Se esse elemento na práxis freudiana de fato está em débito para com a sabedoria da Diáspora, em termos culturais bem amplos, então Freud é mais um dos autores de mitos judeus do exílio, e a psicanálise, outra parábola de um povo sempre sem lar ou pelo menos em desassossego no espaço, obrigado a buscar uma satisfação perpetuamente adiada no tempo.

É discutível se há uma base especificamente bíblica para o descontentamento dos judeus com o espaço visual, e para sua obsessão criativa pela escuta no tempo. A maior parte das tentativas de comparar o pensamento hebraico e o grego, na suposta base de diferenças fundamentais entre a língua hebraica e a grega, mostrou-se ilusória. Entretanto, o conflito intelectual e espiritual entre judeu e grego com certeza não é ilusório e, na verdade, ainda parece irreconciliável. A conceitualização ocidental é grega, mas não a religião ocidental, por mais conceitualizada que seja. Curiosamente, Freud reduziu toda religião ao anseio pelo pai. Seja o que for que pensemos dessa redução, ela não é grega. Nem de modo algum é grego o Eros freudiano, já que Freud interpreta todo investimento da libido como uma transação na transferência de autoridade, que sempre está presente em figuras do passado do indivíduo e só raramente sobrevive no próprio indivíduo. Não é grego hesitar entre a necessidade de ser tudo em si mesmo e a angústia de não ser nada em si mesmo. Essa hesitação ajuda a explicar o que Freud denominou repressão ou defesa, a fuga em relação às representações proibidas do desejo. A teoria da repressão só é coerente em um cosmo psíquico no qual absolutamente todas as coisas têm sentido, de tal modo que um sonho, um chiste, um sintoma ou uma transferência são capazes de suportar um grau de intensidade interpretativa semelhante aos procedimentos rabínicos para decifrar a Torá. "Vire-a de um lado e vire-a de outro, pois tudo está nela", observa o sábio Ben Bag Bag acerca da Torá no *Pirke Abot*. Esse aforismo poderia ter servido de epígrafe à *Interpretação dos sonhos*, de Freud, mas só porque ele, como os rabinos, situou tudo no passado.

Perguntar se há uma atitude especificamente judaica com relação ao tempo é formular a questão ainda mais problemática: o que é ser judeu? Estamos nos referindo ao bíblico, ao normativamente rabínico ou a algo mais tardio? Mais de 3 mil anos de aparente continuidade mascaram descontinuidades surpreendentes, tanto antigas quanto modernas. A resposta mais clara deveria ser religiosa, mas a frase "religião judaica" é em si mesma enganadora. Em geral, a frase diz respeito ao que o historiador das religiões George Foot Moore, de Harvard, foi o primeiro a denominar "judaísmo normativo": a fé de Akiba e seus confrades no século II da era comum. Mas eles viveram talvez doze séculos depois do Javista, o maior e mais original dos escritores bíblicos. Entre os seus relatos de Abraão, Jacó, José e Moisés, e os extraordinários métodos de interpretação dos rabinos, ocorreram inúmeras intervenções, das quais a mais decisiva foi o influxo da cultura grega após a conquista do mundo por Alexandre. A Torá oral, criada pelos rabinos como um muro defensivo ao redor das Escrituras, é essencialmente platônica em sua função, conquanto não em sua ideologia. Nada na Bíblia hebraica proclama a santidade do estudo, nem vê o povo judeu a salvar-se a si mesmo, enquanto povo, pelo aprendizado da Torá. Entretanto, essa ideia da santificação por meio da instrução tornou-se tão judaica que sua origem platônica ora constitui um choque para quase todos os judeus, mesmo os mais eruditos. A diferença histórica entre o Javista e Akiba *é* Platão, e esse influxo de Atenas para Jerusalém salvou o judaísmo, e os judeus, de se dispersarem no oblívio entre as nações, ao proporcionar aos judeus uma formulação essencial de sua própria cultura — mas em grego, a língua universal.

Não obstante, sobejam diferenças entre ideias hebraicas e gregas da história, embora seja problemático afirmar que tais diferenças podem nos ajudar a isolar noções propriamente judaicas de tempo e memória, como se pode ver em *Zakhor: Jewish history and Jewish memory* (1982), de Yosef Hayim Yerushalmi. A Bíblia hebraica obriga os judeus a lembrar, porque seu Deus é em primeiro lugar "o Deus de teus pais, o Deus de Abraão, Isaac e Jacó", conhecido apenas pelas ocasiões em que Ele se manifestou historicamente, mais do que pelos ciclos de tempo, naturais ou míticos. O tempo histórico como tal não tem importância para Israel; o que importa são os momentos em que Deus intervém e Israel responde. Tempo significativo, neste sentido, claramente não é uma noção grega, por um motivo surpreendente que tem mais a ver com "Israel responde" do que com "Deus intervém". O que é especificamente judaico é a fé de que as intervenções de Deus sempre têm, antes de tudo, o propósito de evocar a resposta de Israel. Também neste sentido, a visão freudiana da condição humana continua a ser bíblica. Pelo fato de a intervenção ser para a *nossa* resposta, podemos ficar tentados a acreditar que somos tudo; pelo fato de o interventor ser incomensurável conosco, podemos temer que não sejamos nada. Os Salmos ecoam essa que é a mais terrível das autocontradições afetivas, fazendo com que, em poucas frases, sejamos erguidos de entre cacos de cerâmica e transformados nas asas de uma pomba. A visão shakespeariana do homem é a visão bíblica e agora freudiana, mais do que a do estoicismo romano de Sêneca. Os devaneios dramáticos de Hamlet transcendem até mesmo o Javista e Freud numa percepção dialética de que tudo, e, no entanto, coisa alguma, é em prol de Hamlet apenas, dialética que exalta o tempo em vez do lugar, ou apenas um lugar interior.

Certo curioso senso de interioridade marca o pensamento judaico, como um modo que nega toda idolatria, toda servidão ao olho corpóreo. O Deus invisível dos judeus realiza apenas um pequeno número de aparições efetivas na Bíblia, e só em uma delas — a Teofania do Sinai, onde os anciãos se sentam, comem e O contemplam — Ele não faz uso da palavra. As aparências contam menos na Bíblia do que em quase qualquer outra literatura, e deve haver alguma conexão, embora obscurecida por nosso estranhamento da Bíblia, entre a desvalorização do olho e o extraordinário texto do segundo mandamento:

> Não farás para ti imagem esculpida, nem coisa alguma que se assemelha ao que está lá em cima nos céus, ou embaixo na terra, ou nas águas sob a terra. Pois eu o Senhor teu Deus sou um Deus apaixonado, punindo a culpa dos pais nos filhos, na terceira e quarta gerações de quantos Me rejeitam, mas demonstrando misericórdia até a milésima geração de quantos Me amam e guardam os Meus mandamentos.

Este Deus zeloso ou apaixonado moldou Adão conforme Sua própria *zelem* (imagem) e, assim, presume-se que Ele esteja nos alertando contra a pretensão de imitá-Lo, sendo este o pecado grego de Prometeu ou o pecado romântico de Frankenstein. Mas a proibição não se limita a isso e vai se tornando notavelmente abrangente, enquanto a paixão divina se eleva à hipérbole sublime. Que a intenção do segundo mandamento seja nos compelir a uma extrema interioridade é bastante palpável, porém a própria força dessa retórica estimulou a imaginação gnóstica rebelde a uma originalidade sem precedentes na idolatria da fabulação. Na Bíblia, a maneira preferida de representar um objeto é explicar *como ele foi feito*. Não nos é dito qual era a aparência da Arca da Aliança, do Santuário do Deserto, do Templo ou do Palácio de Salomão, porque as histórias que relatam como foram construídos é o que constitui a descrição. E, embora nos seja dito que José, Davi e Absalão eram extraordinariamente belos, mais uma vez nos é dada apenas uma impressão, sem qualquer noção da verdadeira aparência deles. Entretanto, a beleza de Absalão dificilmente é índice de sua interioridade, salvo de maneiras tão sutis que sugerem que o grande escritor que compôs o II Samuel tinha ele próprio uma dúvida extremamente original quanto às aparências. O segundo mandamento evidentemente não constituiu inibição para a narrativa em prosa, e talvez estejamos errados em considerá-lo o antepassado de muitas das posteriores ansiedades judaicas em face da representação.

No entanto, algumas delas têm de fato conexões profundas, embora dialéticas, com a tradição rabínica, a qual, como observou Walter Benjamin, escolheu *não ver*, um legado que ele com razão reconhecia ainda estar vivo em Kafka, e que me parece igualmente vívido nas teorias de Freud. Todos nós somos sensíveis ao lugar que ocupa o negativo no pensamento judaico, sensibilidade sobre a qual desejo discorrer. Manifestam Freud e Kafka uma versão judaica da negação, versão altamente distinta do modo hegeliano do pensamento negativo? A negação hegeliana assinala o apogeu do racionalismo europeu e ao mesmo tempo opõe agressivamente esse racionalismo ao empirismo britânico e seu desprezo pelos universais. Herbert Marcuse observou que o otimismo intelectual de Hegel baseava-se num conceito destrutivo do que é dado, negando, assim, toda insistência empírica na autoridade máxima do fato. A *Verneinung* freudiana é tudo exceto uma negação dialética hegeliana, estranha a Freud tanto em seu otimismo como em sua transcendência do simples fato. Em vez disso, o negativo de Freud é dualista, associando de maneira ambivalente um retorno puramente cognitivo do reprimido e uma continuação da repressão de todo afeto, da fuga para longe das imagens e memórias proibidas e, não obstante isso, desejadas. Podemos considerar a negação hegeliana como talvez a mais profunda de todas as idealizações gentias, depois de Platão, e então dizer acerca do modo de negação freudiano (e kafkiano) que ele sempre restabelece as ambiguidades do segundo mandamento.

A diferença entre a *Verneinung* hegeliana e a freudiana é evitada pelos freudianos franceses (Lacan, Deleuze, Laplanche, e até mesmo Derrida). Isso invalida suas interpretações de Freud, pois, em última análise, eles destroem os orgulhosos dualismos dele ao convertê-los em meras "duplicidades psíquicas". A negação hegeliana permite à mente atingir a consciência de si mesma que libertará a natureza, a história e a sociedade da autoridade do empirismo e do positivismo. Dessa maneira, Marcuse sintetiza a verdade hegeliana como "o resultado de um duplo processo de negação, a saber, 1) a negação da existência *per se* do objeto, e 2) a negação do eu individual com o deslocamento da verdade para o universal". Mas Freud, como escreve Richard Wollheim, "rastreou [...] a capacidade de atribuir verdade ou falsidade a uma asserção a um movimento muito primitivo da mente, no qual algo como um pensamento é sentido em nosso interior" e, em seguida, é projetado ou introjetado. Com certeza, isso não é hegeliano, mas se aproxima bastante do que Yerushalmi chama de "memória judaica".

A hegelianização de Freud, quer pelo viés linguístico de Lacan, quer na forma mais sutil e mais cética de Derrida, termina por desfazer os dualismos radicais dele (processo primário/processo secundário, princípio do prazer/princípio de realidade) e, com isso, por conduzir Freud a um tipo de monismo fantasmagórico, no qual a ambivalência fundamental de um narcisismo agressivo torna-se nossa paixão dominante. Porém, se desfizermos os dualismos de Freud, nós o confundimos com seus "renegados" — Jung, Adler, Reich, Rank, com todos aqueles que o poeta Wallace Stevens chamou de "fundamentalistas da Primeira Ideia". Realmente, a Primeira Ideia de Freud, a da guerra civil travada na psique, continuaria sendo conflituosa, mas o conflito tenderia a ocorrer *no interior* de um ego narcisista, na maior parte inconsciente, e não entre o ego e o superego, ou entre o ego e o id. Essa é uma revisão tão ampla de Freud quanto foi a de Adler, e se minhas suposições estão corretas, ela também afasta Freud do problemático domínio da memória judaica.

Podemos situar Freud nesse domínio reconhecendo, primeiro, o relacionamento amiúde contraditório e ambíguo entre ele e o judaísmo, e, depois, associando sutilmente as ideias bíblicas e as freudianas sobre a personalidade, e as possibilidades de sua sublimação. Eu acrescentaria que a sublimação, no sentido freudiano, pode muito bem ser um ideal judaico, mas o verdadeiro centro da obra de Freud é o conceito de repressão, que é profundamente judaico, até mesmo normativamente. A memória freudiana é memória judaica, e o esquecimento freudiano é ainda mais judaico. A *Verdrängung* costuma ser pobremente traduzida por "repressão", cujas implicações correntes são enganosamente ideológicas e até mesmo políticas. Mas *Verdrängung*, a despeito de sua etimologia, não é o tropo do ocultamento ou do recalque, mas antes o tropo da fuga, de um estranhamento das representações, sob a influência de uma pulsão interior.

Aqui completo o círculo voltando à ideia de um cosmo psíquico, rabínico e freudiano, no qual todas as coisas são dotadas de sentido, porque tudo já se encontra no passado, e nada de importante pode ser absolutamente novo. A memória rabínica, como esclarece Yerushalmi, insiste que todos os sentidos já estão presentes na Bíblia, em seus comentários normativos e na lei oral representada em cada geração pelos principais intérpretes da tradição. Se tudo já se encontra lá, então tudo na Bíblia é então absolutamente significativo. Se acrescentarmos essa paixão pela inteligibilidade total a um abandono de toda mitologia, de toda idolatria, da possibilidade de simples irracionalismos, estaremos muito próximos da postura do próprio Freud com

161

respeito à consciência individual (memória). Este deve ser o motivo da audácia de Freud, no prefácio especial que escreveu para a versão hebraica de *Totem e tabu*, ao afirmar o núcleo judaico de sua ciência, e de até mesmo sugerir que ele poderia estar criando um judaísmo para o futuro. Em nossa época, o segundo mandamento chama-se repressão primária, que agora ocorre antes de haver algo a ser reprimido.

Freud sabia disso implicitamente, e esse conhecimento está por trás de seu estranho e tardio livro *O homem Moisés*, traduzido para o inglês como *Moisés e o monoteísmo*. Naquilo que o próprio Freud chamou de "meu romance", o Javista é revisado de tal modo que chega a desaparecer, e Moisés é considerado egípcio, fazendo do javismo, assim, uma invenção egípcia. Os motivos de Freud eram pelo menos dois: revitalizar a escandalosa cena histórica primordial de *Totem e tabu* e afastar um rival importante pela autoridade. É digno de nota que Freud avidamente especulou, nessa mesma época, que o conde de Oxford teria escrito Shakespeare, curiosa desvalorização de outro rival verdadeiro. Conquanto descartar esse Freud "cultural" do totemismo e de um Moisés egípcio poderia ser um alívio, o descarte teria de ser incômodo, tanto porque o poder figurativo da cena histórica primordial subsiste como também porque o complexo do totem-e-tabu é o paradigma oculto para a terapêutica freudiana da transferência.

Nada poderia ser menos judaico do que a cena histórica primordial, que dá a impressão de uma paródia do *Tiriel* de Blake, e que se concentra em uma horda primitiva de irmãos que se unem para assassinar e devorar o pai terrível, que tomou todas as mulheres da horda para si próprio. Uma vez assassinado e digerido, o pai vem a ser um deus ancestral venerado, a "sombra numinosa" de Nietzsche em *A genealogia da moral*. Resolvida a ambivalência por essa introjeção grotescamente literal do pai, o remorso pelo crime contra o pai tem início — um remorso em que, insiste Freud, se fundamenta toda cultura. A religião, inclusive o judaísmo, é, assim, o desejo pelo pai morto, cujo nome no judaísmo poderia ser alternativamente

162

Iahweh ou Moisés, ou, para alguns de nós, Sigmund Freud. O pai morto, observou nosso pai Sigmund Freud, mostrou-se mais poderoso do que fora o vivo. Mas Iahweh era o verdadeiro nome do pai: Baal e Moloque não eram pais, e Jesus Cristo é perpetuamente um filho, e não um irmão de Iahweh. A maior heresia de Freud, de um ponto de vista judaico, é sua substituição do tropo hebraico da paternidade de Iahweh pelo hediondo deus totêmico ancestral da horda primordial. O amor eletivo de Iahweh por Israel, o núcleo de toda memória judaica, não poderia discrepar mais do relato freudiano do nosso apego erótico à autoridade: em Freud, a autoridade não tem amor por nós.

A liberdade, para Freud, tinha de ser liberdade do passado, mas nunca do tempo, o princípio de realidade judaico (e freudiano). Pragmaticamente, a liberdade judaica é a liberdade de interpretação, embora a memória judaica (e a freudiana) resulte na sobredeterminação de todo sentido. O que *é* liberdade quando tudo é sobredeterminado, quando caráter é destino e quando não há, em última análise, nenhum acidente? O cientismo de Freud, e não sua condição de judeu, levou à sua orgulhosa acolhida do redutivo, porém sua senda para fora de seu próprio reducionismo mostrou-se sua versão inteiramente judaica do dualismo. Podemos afirmar que a essência do judaísmo seja o desejo de justiça, contra o mundo, desejo criado pela concomitante interiorização da moralidade. O dualismo profético é exatamente isto: Elias e Amós se opõem ao mundo injusto e, assim, a qualquer tipo de exterioridade. Mas este, afinal, é também o dualismo de Freud: a psique se acha em guerra civil, porém aquilo com que ela guerreia, nela mesma, é a injustiça da exterioridade, as perturbações defensivas dos impulsos, os sofrimentos desnecessários que nos privam da liberdade que ainda pode ser nosso tempo.

A essa liberdade Freud chamava "negação", e retorno a essa difícil formulação encontrada no artigo, muito breve e quase abrupto, que ele escreveu em 1925 sob esse título. A negação opera de modo a internalizar determinados objetos da pulsão, internalização que resulta no dificílimo tropo do ego corporal, que, em cada um de nós, pode ser considerado como o objeto do nosso próprio id. Mas um objeto internalizado é um tropo ou ficção ainda mais difícil, justificado por ser a extraordinária ambição de Freud nada menos do que explicar as origens do pensamento, na verdade, do pensamento como um processo relativamente livre. Como pode um pensamento se tornar um objeto, mesmo que esse objeto tenha sido assimilado pelo ego corporal de um indivíduo? Eu diria que Freud encontrou uma metáfora complexa, na essência da condição judaica, para a introjeção e a projeção ambivalentemente mescladas, que, juntas, constituem seu conceito de negação. Se associarmos uma obsessão moral com a justiça à tendência para uma interioridade cada vez maior, obtemos o que Freud poderia ter chamado de "superego corporal", ou uma consciência profética personificada.

O Deus judaico é uma personalidade e uma subjetividade, e só quando ele está verdadeiramente morto é a morte do sujeito mais do que um tropo gaulês transitoriamente em moda. Podemos citar a máxima inteiramente judaica de Spinosa: "A sabedoria não é meditação sobre a morte mas sobre a vida". Spinosa poderia ter mencionado a admonição fundamentalmente judaica do rabi Tarphon, em *Pirke Abot*. "Não se exige que completemos o trabalho, mas não estamos livres para desistir dele". O trabalho não pode ser terminado em tempo, no entanto temos de seguir adiante como se houvesse tempo bastante para completá-lo, "dar tempo ao tempo", como num provérbio sefardita. Por isso, o judaísmo, que nunca se interessou muito pela morte, dificilmente é uma religião filosófica, se a filosofia for uma meditação sobre a morte. Em minha opinião, Jacó, que recebeu o nome Israel, é a personagem mais judaica na Bíblia, por causa de sua incessante luta pela bênção, que em todos os sentidos significa sobretudo *mais vida*.

E, contudo, consideremos o que constitui as maiores realizações espirituais dos judeus modernos: as especulações de Freud, as histórias e parábolas de Kafka, a recuperação da gnose judaica empreendida por Gershom Scholem. Freud conclui

164

com a visão de uma ambivalência original; Kafka faz de uma tendência à ambiguidade uma espécie de pulsão; Scholem opõe ao ritual do judaísmo rabínico, que nada faz acontecer, o ritual da Cabala luriânica, um ritual que é uma teurgia: essas dificilmente são celebrações de mais vida.

A Bíblia é hoje a mais recalcitrante e difícil de todas as bibliotecas (não a podemos considerar um texto, conquanto seja um texto em si). A Bíblia é tudo menos universal, por mais que tentemos dar-lhe ouvidos, pois ela se dirige a uma elite. Na Teofania do Sinai, tal como apresentada pelo Javista, ficamos aturdidos pelas contradições emocionais de Deus, a um só tempo convidando o povo a se aproximar d'Ele e também admoestando-o de que, se abrisse caminho até Ele, experimentaria Sua fúria. A arte não nos diz, nem mesmo implicitamente, "Sê como eu sou, mas não ouses ser por demais parecido comigo!". Kafka, apreensivo de modo ambíguo com a ambiguidade bíblica, tem um senso muito complexo do modo como a Bíblia poderia ou não nos restituir nossas vidas, como essa meditação sobre a vida de Moisés: "Durante toda a sua vida, ele se tortura por causa de Canaã; é inacreditável que devesse divisar a terra apenas à beira da morte. A visão agonizante dela só pode ter o objetivo de ilustrar o momento incompleto que é a vida humana, incompleto porque uma vida tal como esta poderia durar para sempre e, ainda assim, não ser nada senão um momento. Moisés deixa de entrar em Canaã não porque sua vida é curta demais, mas porque ela é uma vida humana".

Pertencemos à era de Freud e Kafka, os quais podem não ter querido tornar-se parte da cultura judaica, mas que, no entanto, redefiniram essa cultura para nós. Freud e Kafka nos lembram, de forma menos histórica do que o faz Yerushalmi em *Zakhor*, que cabe a todos os intelectuais judeus contemporâneos reconhecer que são produtos de uma ruptura com a tradição, por muito que anseiem pela continuidade. O que mais poderia ser essa continuidade, senão uma forma de ruptura, outro estilhaçamento dos vasos? Não mais sabemos o que exatamente torna um livro judaico, ou uma pessoa judia, porque não temos nenhuma autoridade para nos instruir quanto ao que é ou não pensamento judaico. O pensamento judaico opõe-se fortemente à idolatria, mas essa postura judaica mais uma vez traz à luz o problema de um humanismo estético ser ou não uma das formas mais acessíveis de idolatria — acusação que tem sido feita contra meu próprio trabalho por alguns que reivindicam o direito de falar com autoridade em assuntos judaicos. Estou satisfeito por confiar minha defesa à ambiguidade mais que irônica de Kafka: "Abraão cai vítima da seguinte ilusão: ele não pode suportar a uniformidade deste mundo. Ora, sabe-se que o mundo é excepcionalmente variado, o que pode ser verificado a qualquer momento tomando-se um punhado de mundo e observando-o com atenção. Assim, esse lamento pela uniformidade do mundo é, na verdade, um lamento por não se ter misturado de modo profundo o suficiente à diversidade do mundo".

Como os judeus, os cristãos e os muçulmanos são todos filhos de Abraão, toda religião ocidental é dissimuladamente rastreada a uma ilusão de uniformidade. Aquilo que ao Pai Abraão parecia repetição monótona pode ter sido produto de sua própria miopia, a incapacidade de examinar um punhado de mundo com suficiente atenção. Mas tal exame sempre nos priva do motivo para metáfora, o desejo de ser diferente, o desejo de estar em outra parte, o qual é a genealogia nômade do impulso estético para Nietzsche. A ambiguidade de Kafka é por demais temível para que seja justo voltá-la contra qualquer pensador judeu moderno, com a única exceção de Freud (a não ser que Proust possa ser considerado como mais um pensador desse tipo). A ambiguidade kafkiana é muito incômoda quando dirigida contra Freud. Chamar Freud de Rashi das ansiedades judaicas contemporâneas, assim como fez Kafka, é um elogio grande demais até mesmo para Rashi.

Freud inevitavelmente impregna todo o pensamento judaico moderno e, na verdade, todo o pensamento moderno. Meditando sobre o Moisés de Michelangelo, Freud viu na estátua "uma expressão concreta da mais elevada realização mental que é possível num homem, a de lutar com êxito contra uma paixão interior em prol de uma causa a que ele próprio se devotou". A paixão interior, aqui, é a justificada cólera profética que haveria de quebrar as tábuas da Lei e, com isso, Freud lê nesse Moisés seus próprios traços. O que pode lutar com êxito contra uma paixão tão interior é uma liberdade ainda mais interior, a liberdade da Lei, da Torá, "da mais elevada realização mental". Hoje, não escrevemos com a liberdade da Lei, que está reservada para um Abraão ou um Freud, mas com uma liberdade judaica ainda tradicional. A qual já foi chamada de liberdade de mover-se das tábuas quebradas às tábuas livres.

O que *é* mais judaico acerca da obra de Freud? Não me convencem as respostas que seguem o padrão de Édipo a Moisés, e que, portanto, enfocam a relação edipiana entre Freud e seu próprio pai, Jakob. Tais respostas apenas me dizem que Freud teve um pai judeu, e sem dúvida livros e ensaios ainda serão escritos aventando a hipótese do relacionamento de Freud com sua mãe, indubitavelmente judia. Nem me impressionam as tentativas de vincular Freud às tradições judaicas esotéricas. Como alguém devotado à especulação, é possível dizer que Freud fundou uma espécie de gnose, porém não há elementos gnósticos no dualismo freudiano. Tampouco me acho convencido pelas tentativas de associar o livro do sonho de Freud a supostos antecedentes talmúdicos. No entanto, como observei, o núcleo da obra de Freud, seu conceito de repressão, parece-me profundamente judaico, e em seus padrões até mesmo normativamente judaico. A memória e o esquecimento freudianos são uma verdadeira memória e esquecimento judaicos. É o fato de eles se basearem numa versão da memória judaica, numa versão paródica se preferirmos, que faz com que os escritos de Freud sejam profundamente judaicos e, mesmo assim, judaicos de uma maneira extremamente original.

Ser originalmente judeu e ainda ser original é um paradoxo magnífico, tanto freudiano quanto kafkiano. Talvez tenhamos de ser Freud ou Kafka para incorporar semelhante paradoxo, e talvez tudo o que estou dizendo se resuma a isto e apenas isto: o mistério ou problema da originalidade, particularmente difícil no contexto da mais antiga e mais ou menos contínua tradição no Ocidente.

Freud colecionava obsessivamente artefatos clássicos e, no entanto, com respeito aos gregos e romanos, assim como aos cristãos, espiritualmente Freud não era nem sequer ambivalente. Enquanto investigador, Freud viera substituir qualquer tipo de anterioridade gentia. Mas com relação à anterioridade judaica, Freud, na verdade, era ambivalente. Iahweh, em termos freudianos, teve de representar o anseio universal pelo pai, mas a própria internalização que Freud faz de Iahweh desaguou, ao fim e ao cabo, na mais judaica de suas forças psíquicas, o superego. Para argumentar contra um velho vulgarismo lançando mão de um novo, o ego talvez seja gentio, mas o id não é judeu. Na condição de "sobre-eu", o superego não tem elemento ou função transcendental. Ele não é um instrutor de realidade para o ego desafortunado porém algo mais soturno. Em seu livro tardio que conhecemos como *O mal-estar na civilização*, Freud compõe uma espécie de tragicomédia ou mesmo de farsa apocalíptica, em que o superego obriga o ego a abandonar sua agressividade, mas em seguida continua a puni-lo por supostamente manifestar essa mesma agressividade.

Esse roteiro sadomasoquista é uma paródia do papel dos profetas e de seu precursor, Moisés, com respeito aos antigos israelitas. Mas é também uma alegoria, não tanto paródica, da ideia que fazia Freud de sua própria função, como judeu exemplar, no que concerne à cultura gentia, da qual ele tardiamente reconheceu Jung como sendo um verdadeiro representante. Quase estamos de novo no grotesco enredo de *Moisés e o monoteísmo*. Lá, em uma espécie de revisão absurda da cena histórica primordial de *Totem e tabu*, os judeus assassinam Moisés, o Egípcio, que daí em diante se torna de fato o superego deles. Em seguida, a explicação por Freud de são Paulo internaliza esse superego por meio do conceito de pecado original, opondo, desse modo, o cristianismo como religião do filho ao judaísmo como religião do pai. Num dos mais surpreendentes saltos freudianos, o antissemitismo cristão, com sua acusação de deicídio, é apresentado como uma revolta politeísta contra o triunfo do superego mosaico e portanto judaico: "Sob o fino verniz do cristianismo, eles continuam sendo o que foram seus antepassados — barbaramente politeístas. Ainda não superaram seu ressentimento para com a nova religião que lhes foi imposta, e projetaram-na à fonte da qual lhes chegou o cristianismo. O fato de os Evangelhos contarem uma história passada entre judeus, e que na verdade se ocupa apenas de judeus, facilitou tal projeção. O ódio pelo judaísmo é, no fundo, ódio pelo cristianismo [...]".

Se isto é convincente trata-se de uma questão inteiramente distinta de seu *ethos*, o qual é positivamente judaísta. Afinal, por que deveria ser o monoteísmo considerado um avanço em relação ao politeísmo, em termos estritamente freudianos? Seria um deles de fato mais racional, para não dizer cientificista, do que o outro? Evidentemente, Freud pensava que sim. Mas seria "pensava" a palavra correta? A obsessão de Freud por Moisés era complexa, e nela o elemento de identificação é, pois, muito difícil de interpretar. Todavia, como escrevi em outro lugar, o modelo oculto de Freud para a transferência analítica foi seu próprio relato mitopoético do tabu, e seu modelo ainda mais oculto para o analista foi sua concepção um tanto assustadora do pai-totem.

A curiosa ênfase de Freud em *Totem e tabu* tem, de certa forma, o efeito de judaizar o animismo, quase como se o Javista estivesse compondo *A origem das espécies*. O que se revela mais judaico em Freud é o Iahweh em quem Freud abertamente não cuida em acreditar.

Em Freud, como observei, todo amor se reduz ao amor pela autoridade ou pelo pai, a quem Freud identifica em última análise com o Deus judaico. Kafka e Scholem não caíram na tentação de estabelecer tal identificação. Em minha meditação sobre Kafka, sustento que Iahweh não é uma autoridade, que, afinal, é uma concepção romana, e não judaica. Uma autoridade funda e aumenta, assim como Freud fundou e aumentou, mas Iahweh é um criador, um revelador e um redentor, cujos atribu-

169

tos nos concedem as bênçãos de mais vida, e não aquelas que resultam da fundação e do aumento das instituições. Pode-se dizer que Freud incorporou os estudos de Mommsen sobre a lei romana aos de Helmholz sobre a lei física, e então associou ambos à sua própria concepção do Moisés egípcio como fundador e ampliador do judaísmo. Essa concepção é a forma mitológica da mais curiosa invenção de Freud, a transferência analítica, o falso Eros induzido por Freud e seus seguidores com propósitos terapêuticos, como um novo ferimento infligido para supostamente curar outro.

Foucault certa vez observou que o marxismo nada no pensamento do século XIX como um peixe no mar. Não se pode dizer o mesmo daquilo que sugiro comecemos a chamar de especulação freudiana. Embora Freud tenha surgido da era de Darwin, ele é curiosamente uma figura intemporal, tão velha quanto a memória judaica. Sua condição judaica lhe é muito mais essencial do que ele queria acreditar e, juntamente com a condição judaica de Kafka, talvez em retrospecto seja característica daquilo que a cultura judaica ainda pode ser neste final do século XX. Gershom Scholem, que amava os escritos de Kafka e se ressentia bastante dos de Freud, disse que os escritos de Kafka tinham para certos leitores (como Scholem) "alguma coisa da forte luz do canônico, daquela perfeição que destrói". Para outros leitores, os escritos de Freud partilham essa qualidade com os de Kafka. Embora quase intocados pelo judaísmo normativo, Freud e Kafka foram escritores judaicos, assim como Scholem. Talvez algum dia todos os três sejam vistos como tendo redefinido a cultura judaica.

Ao polemizar abertamente contra a religião, Freud insistiu, como observei, em reduzir toda religião ao anseio pelo pai. Essa redução só faz sentido no universo do discurso hebraico, no qual a autoridade sempre reside nas figuras do passado do indivíduo e só raramente sobrevive no próprio indivíduo. O espírito grego estimulava um *agon* individual pela autoridade contemporânea, um *agon* tornado possível pelo exemplo dos heróis homéricos. Mas, se o herói é Abraão ou Jacó, em vez de

Aquiles ou Odisseu, trata-se de um exemplo muito mais ansioso. Platão foi ironicamente homérico ao entrar em luta com Homero pela inteligência de Atenas, mas o rabino Akiba jamais teria visto a si próprio em disputa com Moisés pela inteligência de Jerusalém. Zeus não era incomensurável com o divino Aquiles. Abraão, argumentando com Iahweh na estrada para Sodoma, discutiu com Deus sobre o número de homens probos necessários para evitar a destruição da cidade, mas sabia que ele não era nada em si mesmo quando em face de Iahweh. No entanto, em seu desespero humano, o Pai Abraão pragmaticamente precisou agir naquele momento como se fosse tudo em si mesmo.

Abraão já era um homem freudiano, o que significa apenas dizer que a concepção de Freud acerca do humano é surpreendentemente bíblica. Poucas questões da história espiritual ou intelectual são tão controvertidas quanto a condição judaica de Freud. Ela mistificou Freud, mais do que ele sabia, e continuamos a fazer uma fraca desleitura dela. Devemos julgá-la com relação às profundas e inexpressas suposições de Freud: convicções acerca do tempo, memória, hierarquia, racionalidade, ética, moral, continuidade, e sobretudo ambivalência para com o eu e com os outros. O dualismo judaico não é a cisão entre corpo e alma nem o abismo entre sujeito e objeto. De preferência, é o incessante *agon* no interior da própria pessoa não apenas contra toda injustiça exterior, mas também contra o que denominei a injustiça da exterioridade, ou, de modo mais simples, o modo como são as coisas. Os *nevi'im* ou profetas herdam a interioridade cética da Torá, um espírito que lançou Abraão em sua jornada original, e que favoreceu a exclusão no segundo mandamento de todas as aparências exteriores. O que parece ser mais original em Elias e em todos os seus descendentes, passando por Malaquias, é a exaltação da interioridade cética como o verdadeiro modo de se preparar para receber a palavra-Deus. Quando um profeta diz "O Verbo-Deus se fez para mim", tudo gira em torno do sentido desse "mim". Não é o sentido mas a vontade que tem início quando Iahweh fala. O sentido já está lá no "mim" profético, que, enquanto ego, está muito mais próximo do que poderíamos chamar de ego psicanalítico do que do ego romântico da filosofia e da literatura ocidental dos séculos XIX e XX. O ego romântico é a consequência de uma dupla cisão na consciência, e um protesto contra essa cisão entre a mente atenta e seu objeto na natureza, e entre a mente e o corpo que ela habita. Mas o ego psicanalítico é com efeito o que Freud chama de "ego corporal"; como ele diz, "o Ego é primeiro e antes de tudo um Ego corporal". O que isso significa de modo muito profundo é que o ego constitui a si próprio segundo o paradigma do corpo humano, de modo que todos os processos do ego constituem a si próprios também segundo o paradigma dos processos corporais. Tanto a atividade sexual humana quanto a cognição humana modelam-se portanto a si mesmas no processo de comer, de excretar ou na estimulação dos órgãos genitais. Em consequência, a relação sexual e o pensamento podem ser assimilados um ao outro, e às localizações específicas da boca, do ânus e dos órgãos genitais.

Visualizar o ego como um corpo é admitir a imagem que retrata o ego ingerindo fisicamente o objeto do impulso, a imagem da introjeção ou da ingestão do objeto. Em *O ego e o id* (1923), Freud nos disse que o ego corporal "não é tão só uma entidade superficial, mas ele mesmo a projeção de uma superfície". A observação de Freud, como ele aparentemente reconheceu, é muito obscura, e ele próprio autorizou uma nota de rodapé explanatória na tradução inglesa de 1927, a qual, no entanto, não figura em nenhuma das edições alemãs. A nota de rodapé lembra-nos de que o ego deriva, em última análise, das sensações corporais, em particular das sensações que procedem da superfície do corpo. Seria, pois, o ego corporal uma projeção mental da superfície do corpo? Onde estaria a fronteira entre corpo e psique em tal projeção? Assim como o conceito freudiano de pulsão, a noção de ego corporal parece situar-se bem na fronteira entre o mental e o físico. Provavelmente, não podemos conhecer nem o corpo nem o ego corporal; só nos é dado conhecer as pulsões e as defesas. Freud dá a entender que as pulsões e o ego corporal são igualmente construídos de maneira ambivalente; isto é, desde suas origens, eles são dualistas. Em ambos, os limites entre o físico e o somático estão para sempre em disputa.

Quero refazer um longo caminho para encontrar uma concepção semelhante da ambivalência. Freud, naturalmente, estava disposto a voltar a Empédocles e Heráclito. Considero Freud até mesmo mais próximo de Jeremias, com certeza sem o saber, e repito que o antigo dualismo judaico não opõe o corpo ao espírito, nem a natureza à mente, mas, antes, opõe a exterioridade à interioridade. Jeremias, e não Freud, é o descobridor inicial do ego corporal, de uma fronteira indefinível entre a individualidade e o somático. Para o ego romântico, quer em Hegel, quer em Emerson, o corpo faz parte do não eu. Mas para Freud, assim como para Jeremias, o corpo é constrangedoramente parte do eu, e não parte do mundo exterior. A pulsão, que atua do interior e assim ameaça o ego, é uma exigência somática sobre a psique, e é muito diferente de qualquer tipo de excitação externa. Quando fala em superfície da psique, Freud refere-se à percepção e à consciência, e fundamenta esse sentido no que comumente tentamos significar quando falamos da superfície do corpo.

Freud somente podia falar do ego corporal, das pulsões ou até mesmo da defesa da introjeção como sendo conceitos *limítrofes* porque sua imagem do ego era a do corpo, a de um organismo vivo. Um corpo pode ser atacado e invadido de fora; ele possui uma demarcação que requer defesa, e pode ser defendido. O ego corporal poderia igualmente ter sido chamado de corpo egotista, porque a metáfora crucial de Freud é a da própria interioridade. "Interioridade" é o verdadeiro nome do ego corporal. As perturbações defensivas da pulsão, ou as vicissitudes do instinto, são figuras da exterioridade, ou do que o profeta Jeremias poderia ter chamado de "injustiça da exterioridade".

No capítulo 20 de Jeremias, o profeta lamenta a Deus que Ele o seduziu e sobrepujou, a fim de que zombassem de Jeremias. Mas, se Jeremias tenta não falar em nome de Deus,

173

Então há em meu coração como se fosse devoradora chama
Encerrada em meus ossos,
E eu me afadigo buscando refreá-la,
Mas não posso.*

A chama devoradora ou interioridade se precipita para o exterior, num movimento que culmina na magnificência do capítulo 31, no qual Deus fala dos dias por vir em que Ele estabelecerá uma nova aliança com a casa de Israel, em que toda exterioridade será abolida: "Eu porei a Minha lei em suas partes interiores e a escreverei em seu coração". Chame-se a isto antiga negação judaica da exterioridade, pois é uma nova perspectiva sobre a gênese do ego. Em verdade, trata-se de uma perspectiva privilegiada que não tem relação com o mundo exterior. A pulsão para fora da interioridade, do id freudiano, faz do ego seu objeto; ele não gera o ego. Decerto, uma estrita leitura psicanalítica de Jeremias diria que ele é maníaco, e estende o próprio ego até que este introjete Deus, ou o ideal do ego, ao passo que anteriormente Jeremias fora depressivo e melancólico, projetando seu próprio ego a partir do ódio por si mesmo e do abandono de si mesmo. Mas esse juízo clínico, acurado ou não, é menos essencial do que a surpreendente semelhança entre o dualismo negativo de Jeremias e o de Freud. Ambos obliteram os limites entre psique e corpo, e em seu lugar instalam uma ambivalência narcisista. O difícil conceito de ego corporal, em que um objeto imaginário é introjetado como se fosse real, é insolitamente similar ao conceito profético de colocação da Lei em nossas partes interiores. Nós com certeza subestimamos as dificuldades conceituais do ego corporal. Como, afinal de contas, pode um pensamento tornar-se um objeto, quando o ego corporal o introjetou? Como pode ser a Lei inscrita em nossas partes interiores?

* Then there is in my heart as it were a burning fire/ Shut up in my bones,/ And I weary myself to hold it in,/ But cannot.

Já observei que o superego, mais do que o ego, para não mencionar o id, é, em certo sentido, a mais judaica das funções psíquicas. Aventei também que a repressão é, de um modo complexo, uma noção peculiarmente judaica, relacionada que está com as tribulações programáticas da memória judaica. Concluo essa meditação, contudo, sugerindo que o mais profundo traço judaico de Freud, voluntária e involuntária, foi sua paixão avassaladora pela interpretação, paixão que o levou ao deserto dos seus conceitos limítrofes. O representante psíquico da pulsão, não na consciência individual mas na história humana, considerada de modo alegórico ou irônico, é a imagem de um exilado errante, impelido para a frente no tempo por todas as vicissitudes da injustiça e da exterioridade, toda a opressão corporal infligida aos representantes da própria interpretação, à proporção que abrem caminho ao longo dos limites entre mente e corpo, conhecido e desconhecido, passado e futuro, iluminados apenas de modo tremeluzente pela forte luz do canônico, como os nossos antepassados aprenderam a chamá-la, a luz da perfeição que destrói.

Ao fazer o obituário de seu amante Franz Kafka, Milena Jesenská esboçou a figura de um gnóstico moderno, um escritor cuja visão foi a do *kenoma*, o vazio cósmico em que fomos lançados: "Ele era um eremita, um homem de introvisão apavorado pela vida [...]. Ele via o mundo como estando repleto de demônios invisíveis que assaltam e destroem o homem indefeso [...]. Todas as suas obras descrevem o terror dos misteriosos equívocos e da culpa inocente nos seres humanos".

Milena — brilhante, destemida, amorosa — pode ter sutilmente distorcido as transições belamente evasivas de Kafka entre a postura do judaísmo normativo e a do judaísmo gnóstico. Max Brod, respondendo à observação de Kafka hoje famosa — "Somos pensamentos nillistas que passaram pela cabeça de Deus" —, explicou a seu amigo a noção gnóstica de que o Demiurgo fizera este mundo tanto pecaminoso quanto mau. "Não", replicou Kafka, "acredito que não sejamos uma tal recaída radical de Deus, apenas um de Seus momentos de mau humor. Ele estava num péssimo dia." Aproveitando a deixa, o fiel Brod perguntou-lhe se isso significava que havia esperança fora de nosso cosmo. Kafka sorriu, e encantadoramente respondeu: "Muita esperança... para Deus... esperança sem conta... só que não para nós".

A despeito da autoridade das tentativas de Gershom Scholem de o reivindicar para o gnosticismo judaico, Kafka é mais e menos do que um gnóstico, como poderíamos esperar. Iahweh pode ser salvo, e a degradação divina fundamental ao gnosticismo não faz parte do mundo de Kafka. Todavia, fomos modelados a partir do barro num dos momentos de mau humor de Iahweh; talvez houvesse uma dispepsia divina, ou fizesse um tempo abafado no jardim que Iahweh plantou no Oriente. Iahweh é esperança, e nós somos desesperançados. Somos as gralhas ou corvos, os *kafkas* (pois, em tcheco, é isso o que o nome significa) cuja impossibilidade é exatamente aquilo que os céus significam. "Os corvos afirmam que um único corvo poderia destruir os céus. Sem dúvida é assim, mas isso nada comprova contra os céus, pois os céus significam apenas: a impossibilidade dos corvos."

No gnosticismo, existe um Deus estranho, totalmente transcendente, e o iniciado, depois de consideráveis dificuldades, pode achar o caminho de volta à presença e à plenitude. O gnosticismo é, pois, uma religião da salvação, embora a mais negativa de todas essas visões salvíficas. A espiritualidade kafkiana não oferece esperança de salvação, e, sendo assim, não é gnóstica. Mas Milena Jesenská seguramente estava certa de salientar o terror kafkiano que é aparentado com o horror do gnosticismo pelo *kenoma*, pelo mundo sob o império dos Arcontes. Kafka dá o impossível passo para além do gnosticismo, ao negar que haja esperança para nós em algum lugar.

Nos aforismos que Brod de modo um tanto enganoso intitulou "Reflexões sobre pecado, dor, esperança e a verdadeira via", Kafka escreveu: "O que nos cabe é consumar o negativo;

o positivo já está dado". Não está claro o quanto Kafka conhecia da Cabala. Como ele escreveu uma nova Cabala, a questão das fontes gnósticas judaicas pode ser posta de lado. Na verdade, no que parece uma fascinante excentricidade (mas eu a consideraria mais uma prova da alegação de Blake de que formas de adoração são extraídas de relatos poéticos), a compreensão que temos da Cabala é, de qualquer forma, kafkiana, já que Kafka influenciou Gershom Scholem profundamente e, nas próximas décadas, ninguém será capaz de ir além da desleitura forte e criativa que Scholem faz da Cabala. Repito esse ponto para enfatizar seu valor de impacto: lemos a Cabala, via Scholem, de uma perspectiva kafkiana, exatamente como interpretamos a personalidade humana e suas possibilidades miméticas pelas perspectivas de Shakespeare, pois Freud é essencialmente o intermediador de Shakespeare para nós, ao mesmo tempo em que dele depende. Uma facticidade ou contingência kafkiana agora rege a percepção que temos de tudo aquilo que na tradição cultural judaica é diferente do normativo.

Em seu diário de 1922, Kafka meditou, em 16 de janeiro, sobre "algo muito parecido com um colapso", em que era "impossível dormir, impossível ficar acordado, impossível tolerar a vida ou, de modo mais exato, o curso da vida". Os vasos foram se quebrando para ele à medida que seu mundo interior, demoníaco, de escritor, e sua vida exterior "se dividem, e eles de fato se dividem, ou pelo menos colidem de maneira terrível". Tarde da noite, K. chega ao povoado, que está coberto de neve. O Castelo está a sua frente, mas até mesmo a colina em que ele se ergue acha-se encoberta pela névoa e pela escuridão, e não há uma única luz visível que mostre que o Castelo está lá. K. fica um longo tempo numa ponte de madeira que leva da estrada principal à aldeia, enquanto olha fixamente não para a aldeia mas "para dentro da vacuidade ilusória acima de si", onde o Castelo deveria estar. Ele ignora aquilo que sempre se recusará a aprender, o fato de ser a vacuidade ilusória em todo sentido possível, pois ele contempla o *kenoma*, que resultou inicialmente do estilhaçamento dos vasos, a cisão de todo mundo, interior e exterior.

Descrevendo a visão de K., Kafka registra o custo de sua confirmação, numa passagem profética de Scholem, mas com a diferença de que Scholem buscava negar, associando, para si mesmo, o sionismo e a Cabala. Kafka não acreditava nisso, talvez apenas para si mesmo, mas talvez também para os outros, como se pode ler no mesmo trecho de seu diário:

Essa busca, originando-se em meio aos homens, leva-nos para longe deles. A solidão que na maioria das vezes me foi imposta, em parte buscada voluntariamente por mim — mas o que era isso senão também compulsão? —, ora perde toda a sua ambiguidade e se aproxima de seu desenlace. Para onde leva? A probabilidade mais forte é que possa conduzir à loucura; nada mais há a dizer, a busca me atravessa e me dilacera. Ou eu posso — posso? —, conseguir manter-me em pé de algum modo e ser carregado pela busca feroz. Aonde, pois, serei levado? "A busca" é, na verdade, apenas uma metáfora. Também posso dizer: "Assalto à última fronteira terrena", um assalto, além disso, empreendido a partir de baixo, da humanidade, e, já que isso também é uma metáfora, posso substituí-la pela metáfora de um assalto empreendido a partir de cima, visando a mim de cima.

Toda essa escrita é um assalto às fronteiras; se o sionismo não tivesse interferido, ela poderia muito bem ter se desenvolvido numa nova doutrina secreta, uma Cabala. Há prenúncios disso. Embora, é claro, fosse preciso uma espécie inimaginável de gênio para lançar raízes de novo nos velhos séculos, ou para recriar os velhos séculos sem com isso se exaurir, mas só então começar a florescer.

Consideremos as três metáforas de Kafka, que ele tão sabiamente substitui umas pelas outras. A busca é de ideias, naquele modo de introspecção que é a escrita de Kafka. No entanto, essa metáfora da busca é também um trespassamento que "me atravessa" e um dilaceramento de si mesmo. Pela busca, Kafka então substitui o assalto da humanidade, empreendido de baixo, à derradeira fronteira terrena. O que é essa fronteira? Ela deve ficar entre nós e os céus. Kafka, o corvo ou a gralha, escrevendo, transpõe a fronteira e implicitamente sustenta que seria capaz de destruir os céus. Por outra substituição, a metáfora se muda para "um assalto empreendido a partir de cima, visando a mim de cima", o objetivo sendo simplesmente a função significadora dos céus, que diz da impossibilidade de Kafkas ou corvos. Os céus caem de assalto sobre Kafka *através de sua escrita*; "toda essa escrita é um assalto às fronteiras", as quais têm de ser agora as fronteiras do próprio Kafka. Lembramos do conceito limítrofe mais complexo de Freud, mais complexo ainda do que a pulsão: o ego corporal. Os céus assaltam o ego corporal de Kafka, *mas apenas por intermédio de sua própria escrita*. Com certeza, semelhante assalto não é não judaico, e tem tanto a ver com a tradição judaica normativa quanto com a esotérica.

No entanto, segundo Kafka, sua própria escrita, não fosse pela intervenção do sionismo, poderia muito bem ter se transformado numa nova Cabala. Como devemos entender essa curiosa afirmação acerca do sionismo como o agente obstrutivo que impede Franz Kafka de se tornar mais um Isaac Luria? De modo obscuro e imodesto, Kafka escreve: "Há prenúncios disso". Aqui, nosso mestre Gershom Scholem necessariamente orienta nossa interpretação. Tais prenúncios pertencem a Kafka sozinho, ou talvez a alguns eleitos em seu círculo íntimo. Não podem ser eles transmitidos ao povo judaico, nem mesmo à sua elite, porque o sionismo ocupou o lugar da Cabala messiânica, incluindo presumivelmente a Cabala herética de Nathan de Gaza, profeta de Sabbatai Zevi e de todos os seus seguidores até o blasfemo Jacob Frank. A influência de Kafka sobre Scholem é decisiva aqui, pois Kafka já chegou à tese fundamental de Scholem acerca do vínculo entre a Cabala de Isaac Luria, o messianismo dos sabatarianos e franquistas, e o sionismo político que possibilitou o renascimento de Israel.

Kafka prossegue, de modo mais notável, negando a ideia de que possua "uma espécie inimaginável de gênio", que ou lançaria raízes mais uma vez no judaísmo arcaico, provavelmente do tipo esotérico, ou, de modo mais surpreendente, "recriaria os velhos séculos", o que Scholem insistia que Kafka havia feito. Porém, podemos nós falar, assim como Scholem o fez, da Cabala de Franz Kafka? Existiria uma nova doutrina secreta nas magníficas histórias e nos extraordinários paradoxos e parábolas, ou Kafka não desperdiçou seu gênio no ato de recriar os velhos séculos judeus? Certamente Kafka teria se julgado com severidade como alguém exaurido, e não como um escritor que só então começaria a florescer.

Kafka morreu apenas dois anos e meio depois desse momento de reflexão, pouco antes de seu quadragésimo primeiro aniversário. Entretanto, como proponente de uma nova Cabala, com toda certeza fora tão longe quanto ele (ou qualquer outro) poderia ir. Nenhuma Cabala, seja ela a de Moisés de Leon, Isaac Luria, Moisés Cordovero, Nathan de Gaza, ou Gershom Scholem, é exatamente fácil de interpretar, mas a doutrina secreta de Kafka, se é que existe de fato, é intencionalmente não passível de interpretação. Minha hipótese de trabalho ao ler Kafka é levar em conta que ele fez o máximo para evadir-se à interpretação, o que significa apenas que aquilo que mais necessita e reclama interpretação nos escritos de Kafka é sua evasão perversamente deliberada à interpretação. A fórmula pela qual Erich Heller sugere tal evasão é: "A ambiguidade nunca foi considerada uma força elementar; ela é exatamente isso nas histórias de Franz Kafka". Talvez, mas a atitude evasiva não é a mesma qualidade literária que a ambiguidade.

A atitude evasiva é intencional; ela escreve nas entrelinhas, para tomar de empréstimo a Leo Strauss seu elegante tropo. O que significa quando alguém em busca de um novo negativo, ou melhor, quando um revisionista de um antigo negativo recorre, como seu tópico ou tema fundamental, à evasão de toda interpretação possível? Kafka não põe em dúvida a culpa, mas deseja tornar "possível aos homens usufruir o pecado sem culpa, quase sem culpa", pela leitura de Kafka. Usufruir o pecado qua-

180

se sem culpa é fugir à interpretação, precisamente na acepção de interpretação predominante no judaísmo. A tradição judaica, normativa ou esotérica, jamais nos ensina a formular a pergunta de Nietzsche: "Quem é o intérprete, e que poder ele busca obter sobre o texto?". Em vez disso, a tradição judaica indaga: Está o intérprete na esteira de quantos buscam erigir um muro ao redor da Torá em cada época? O poder de evasão de Kafka não é um poder sobre seu próprio texto, e ele de fato erige um muro ao redor da Torá em nossa época. Todavia, ninguém antes de Kafka levantou esse muro totalmente a partir da evasão, nem Maimônides nem Judah Halevi, nem mesmo Spinoza. Sendo o mais sutil e o mais evasivo de todos os escritores, Kafka continua a ser o mais severo e o mais inquietante dos sábios tardios daquilo que ainda virá a ser a tradição cultural judaica do futuro.

A gralha ou corvo ou *kafka* é também a estranha figura do grande caçador Graco (cujo nome latino também significa "corvo"), que não está vivo mas morto, e que no entanto flutua na sua barca da morte para sempre. Em *O caçador Graco*, quando o escrupuloso Burgomestre de Riva franze o cenho e pergunta "E você não tem parte nenhuma no outro mundo (*das Jenseits*)?", o Caçador replica, com grandiosa ironia defensiva: "Eu estou para sempre na grande escadaria que conduz a ele. Nessa escada infinitamente ampla e espaçosa eu me movimento com dificuldade, às vezes para cima, às vezes para baixo, às vezes à direita; às vezes à esquerda, sem jamais parar. O Caçador transformou-se em borboleta. Não ria".

Como o Burgomestre, também nós não rimos. Sendo um único corvo, Graco seria suficiente para destruir os céus, porém ele nunca chegará lá. Em vez disso, os céus significam a impossibilidade dele, a ausência de corvos ou caçadores, e, desse modo, ele se transformou em mais uma borboleta, que é tudo que podemos ser, da perspectiva dos céus. E não somos culpados disso:

Eu vivera contente e morri contente. Antes de embarcar, alegremente deitei fora minha mísera carga de munição, minha mochila, meu rifle de caça que sempre sentira orgulho em carregar, e meti-me em minha mortalha como uma jovem em seu vestido de noiva. Deitei-me e esperei. Então sobreveio o contratempo.

"Um destino terrível", disse o Burgomestre, erguendo a mão defensivamente. "E você não sente culpa por isso?"

"Nenhuma", disse o Caçador. "Eu era um caçador; havia algum pecado nisso? Eu segui minha vocação como caçador na Floresta Negra, na época em que ainda havia lobos por lá. Fiquei de tocaia, alvejei, atingi meu alvo, esfolei a pele de minhas vítimas: havia algum pecado nisso? Meus labores foram abençoados. 'O Grande Caçador da Floresta Negra' era o nome que me foi dado. Houve algum pecado nisso?"

"Não me cabe decidir isso", disse o Burgomestre, "mas para mim também não me parece haver pecado em tudo isso. Mas, então, de quem é a culpa?"

"Do barqueiro", disse o Caçador. "Ninguém irá ler o que estou dizendo aqui, ninguém virá em meu socorro; mesmo que todo mundo recebesse ordem de me ajudar, todas as portas e janelas continuariam fechadas, todo mundo ficaria em sua cama e cobriria a cabeça com as colchas, e a Terra inteira iria se tornar um albergue noturno. E há sentido nisso, pois ninguém me conhece, e se alguém conhecesse, não saberia onde me encontrar, e se soubesse, não saberia como tratar comigo, não saberia como me ajudar. A ideia de me ajudar é uma doença que tem de ser curada acamando-se."

Quão admirável é Graco, mesmo quando comparado aos heróis homéricos! Eles sabem, ou pensam que sabem, que estar vivo, por mais desditoso que seja, é preferível a ser o primeiro entre os mortos. Mas Graco deseja apenas ser ele mesmo, feliz por ser um caçador quando vivo, jubiloso de ser um cadáver

182

quando morto: "Meti-me em minha mortalha como uma jovem em seu vestido de noiva". Contanto que todas as coisas sigam a ordem apropriada, Graco está mais que contente. A culpa deve ser do barqueiro, e talvez não exceda a simples incúria. Estando morto e no entanto ainda articulado, Graco está além de qualquer ajuda: "A ideia de me ajudar é uma doença que tem de ser curada acamando-se".

Quando ele apresenta o surpreendente tropo de toda a Terra se fechando tal qual um albergue noturno, com as colchas puxadas por sobre a cabeça de todo mundo, Graco profere o juízo "E há sentido nisso". Existe sentido nisso apenas porque, no mundo de Kafka, como no de Freud ou no de Scholem, ou em qualquer mundo profundamente informado pela memória judaica, há necessariamente sentido em todas as coisas, um sentido total, ainda que Kafka se recuse a nos ajudar a chegar a ele ou a nos aproximar dele.

Porém, que tipo de mundo é esse, em que há sentido em tudo, em que tudo parece exigir interpretação? Pode haver sentido em tudo, como J. H. van den Berg certa vez escreveu contra a teoria da repressão de Freud, apenas quando tudo já se encontra no passado e nunca mais poderá haver algo totalmente novo. Assim é com certeza o mundo dos grandes rabinos normativos do século II antes da era comum, e, por conseguinte, foi desde então o mundo da maioria dos judeus. A Torá foi dada, o Talmude veio à luz para complementá-la e interpretá-la, outras interpretações na cadeia da tradição são regularmente forjadas em cada geração, mas os limites da Criação e da Revelação estão fixados na memória judaica. Existe sentido em todas as coisas porque todo sentido já está presente na Bíblia hebraica, a qual, por definição, deve ser totalmente inteligível, mesmo que sua mais plena inteligibilidade só seja revelada com a chegada do Messias.

Graco, caçador e gralha, é Kafka, perseguidor de ideias e gralha, e a viagem sem fim e sem esperança de Graco é a passagem de Kafka, em parte através de uma língua que não é sua, e amplamente através de uma vida nem tanto sua. Kafka estava estudando intensamente hebraico quando escreveu "O caçador Graco", no começo de 1917, e suponho possamos considerar as viagens do morto porém nunca sepultado Graco um tropo para o estudo tardio de sua língua ancestral empreendido por Kafka. Ele continuava a estudar hebraico na primavera de 1923, com sua tuberculose já em fase bem avançada, e até quase o fim ele ansiou por Sião, sonhando recuperar a saúde e estabelecer firmemente sua identidade com uma viagem à Palestina. Como Graco, ele passou pela morte-em-vida, mas, ao contrário de Graco, ele alcançou a liberação da morte total.

"O caçador Graco", enquanto história ou parábola longa, não é a narrativa de um Judeu Errante ou Holandês Voador, pois o tropo de Kafka para sua atividade de escritor não é tanto uma errância nem mesmo uma oscilação, mas antes uma repetição, labiríntica e escavatória. Sua escrita não repete a si mesma, mas uma interpretação judaica esotérica da Torá que o próprio Kafka pouco conhece, nem precisa conhecer. O que essa interpretação diz a Kafka é que não há nenhuma Torá escrita, mas apenas uma Torá oral. Entretanto, Kafka não tem ninguém que lhe diga o que é a Torá. Ele, portanto, coloca a própria escrita no lugar da Torá oral que lhe é inacessível. Ele adota a mesma postura do caçador Graco, que conclui dizendo: "Estou aqui, mais do que isso não sei, além disso não posso avançar. Meu barco não tem leme, e é levado pelo vento que sopra nas mais profundas regiões da morte".

"O que é o Talmude senão uma mensagem vinda de longe?", escreveu Kafka a Robert Klopstock, em 19 de dezembro de 1923. O que era toda a tradição judaica, para Kafka, salvo uma mensagem vinda de uma distância infinita? Isso certamente contribui para o tema da famosa parábola "Uma mensagem imperial", que conclui conosco, seus leitores, sentados à janela ao cair da noite, e sonhando para nós mesmos a parábola, na qual Deus, em via de morrer, enviou-nos uma mensagem pessoal. Heinz Politzer leu isso como uma parábola nietzschia-

184

na, e, assim, caiu na armadilha preparada pela atitude evasiva kafkiana: "Descrevendo o destino da parábola numa época destituída de verdades metafísicas, a mensagem imperial tornou-se a fantasia subjetiva de um sonhador que se senta à janela com vista para um mundo cada vez mais sombrio. A única informação real transmitida por essa história é a notícia da morte do imperador. Essa notícia Kafka recebeu de Nietzsche [...]".

Não, pois mesmo se sonhamos a parábola, ela transmite a verdade. O Talmude de fato existe; ele é realmente uma mensagem imperial vinda de longe. A distância é por demais grande; ela não pode nos alcançar; há esperança, mas não para nós. Nem fica tão claro que Deus esteja morto. Ele está sempre morrendo, no entanto sempre sussurra uma mensagem no ouvido do anjo. Dizem-nos que "Ninguém seria capaz de abrir caminho à força por aqui, nem mesmo com uma mensagem de um homem morto", mas o imperador na verdade não morre no texto da parábola.

A distância faz parte de uma noção decisiva para Kafka, a do negativo, o qual não é nem o negativo hegeliano nem o heideggeriano, mas está muito próximo da negação de Freud e também da imaginação negativa empreendida pelos cabalistas de Scholem. Mas prefiro deixar para depois a versão judaica do negativo que Kafka adota. "O caçador Graco" é um texto extraordinário, mas não é inteiramente característico de Kafka no que ele tem de mais forte, no que tem de mais insólito ou mais sublime.

Quando é mais ele mesmo, Kafka nos proporciona uma inventividade e originalidade contínuas que rivalizam com Dante e, na verdade, desafiam Proust e Joyce como os principais autores ocidentais do século XX — deixando Freud de lado, já que Freud ostensivamente é ciência e não narrativa ou criação de mitos, embora, se acreditarmos nisso, então podemos ser persuadidos de qualquer coisa. As fábulas de animais escritas por Kafka são justamente celebradas, mas seu mais notável ser fabuloso não é animal nem humano, mas o pequeno Odradek, num curioso esboço de pouco menos de página e meia, "As preocupações de um pai de família", cujo título poderia ter sido traduzido como "As aflições de um pater familias". O pai de família narra esses cinco parágrafos, cada qual uma lírica dialética em si mesmo, principiando por aquele que discute o significado do nome:

> Alguns dizem que a palavra Odradek é de origem eslava, e procuram explicá-la com base nisso. Já outros acreditam seja ela de origem germânica, apenas influenciada pelo eslavo. A incerteza de ambas as interpretações nos permite deduzir com justeza que nenhuma seja acurada, sobretudo porque nenhuma delas fornece um significado inteligível da palavra.

Essa atitude evasiva foi superada pelo estudioso Wilhelm Emrich, que rastreou o nome Odradek à palavra tcheca *udraditi*, que significa dissuadir alguém de fazer algo. Tal como o Conviva Duvidoso de Edward Gorey, Odradek não foi convidado, mas não partirá, pois implicitamente nos dissuade de fazer algo quanto à sua presença; ou, antes, algo acerca de sua própria estranheza nos aconselha a deixá-lo sozinho:

> Ninguém, é claro, iria se ocupar com tais estudos se não houvesse uma criatura chamada Odradek. À primeira vista, ele parece um carretel de linha achatado e em forma de estrela, e a verdade é que parece ter uma linha enrolada em torno dele; na realidade, trata-se apenas de pedaços velhos de linha, cortados, cheios de nós e emaranhados, dos mais diversos tipos e cores. Mas não é apenas um carretel, pois do centro da estrela projeta-se uma pequena haste de madeira, e nesta se articula uma outra em ângulo reto. Por meio desta última, de um lado, e de uma das pontas da estrela, do outro, a coisa toda pode ficar de pé como sobre duas pernas

É Odradek uma "coisa", como o absorto chefe de família começa por chamá-lo, ou seria ele uma criatura infantil, um demônio à vontade no mundo das crianças? Odradek evidentemente foi feito por uma criança inventiva e humorada, um tanto no espírito com que Adão foi criado, a partir do úmido barro vermelho, pelo Iahweh do escritor J. É difícil não interpretar a criação de Odradek como uma paródia deliberada, quando nos é dito que "a coisa toda pode ficar de pé como sobre duas pernas", e de novo, quando é aventada a sugestão de que Odradek, como Adão, "um dia já teve algum tipo de forma inteligível e agora é apenas um refugo fragmentado". Odradek talvez esteja decaído, mas ainda é bastante lépido e não se consegue examiná-lo de perto, pois "é extraordinariamente ágil e não pode ser agarrado", tal como a história em que aparece. Odradek não apenas nos aconselha a nada fazer em relação a ele, como, em certo sentido evidente, revela-se ainda outra figura por meio da qual Kafka nos adverte a não interpretar Kafka.

Um dos mais fascinantes momentos em toda a obra de Kafka é aquele em que nós, o paterfamílias, deparamos, logo abaixo de nós, com Odradek apoiado na balaustrada. Dispostos a falar com ele, como faríamos com uma criança, somos pegos de surpresa:

> "Bem, qual o seu nome?", você lhe pergunta. "Odradek", diz ele. "E onde você mora?" "Sem morada fixa", ele responde e ri; mas é apenas o tipo de riso que não tem pulmões atrás de si. Ele soa mais exatamente como o farfalhar de folhas caídas.

"Eu é um outro", escreveu Rimbaud certa vez, acrescentando: "Tanto pior para a madeira que se descobre violino". Tanto pior para a madeira que se descobre Odradek. Ele se ri de ser um nômade, embora apenas pela definição burguesa de não ter "morada fixa", mas o riso, não sendo humano, é insólito. E assim ele incita o chefe de família a uma reflexão insólita, que pode ser uma paródia kafkiana da pulsão de morte de Freud para além do princípio do prazer:

Eu me pergunto, por mera curiosidade, o que provavelmente será dele? É possível que morra? Tudo o que morre teve algum tipo de objetivo na vida, algum tipo de atividade, que se esgotou; mas isso não se aplica a Odradek. Nada me resta, portanto, além de supor que ele sempre ficará rolando pelas escadas, arrastando atrás de si pedaços de linha, bem em frente aos pés dos meus filhos? Pelo que pude ver, ele não causa nenhum dano, mas considero quase dolorosa a ideia de que provavelmente irá sobreviver a mim.

O objetivo da vida, diz Freud, é a morte, o retorno do orgânico ao inorgânico, supostamente nosso estado anterior de ser. Nossa atividade se esgota, e então morremos, pois em certo sentido insólito desejamos morrer. Mas Odradek, inócuo e encantador, é a criação de uma criança, sem finalidade, e, desse modo, não sujeita à pulsão de morte. Odradek é imortal, sendo demoníaco, e ele também representa um retorno freudiano do reprimido, ao mesmo tempo em que (mesmo que) uma completa repressão afetiva é mantida. O pai de família introjeta Odradek intelectualmente, mas projeta-o afetivamente de maneira total. Odradek, sugiro agora, é mais bem entendido como a sinédoque de Kafka para a *Verneinung*, a versão de Kafka (em parte não freudiana) da negação judaica.

Por que Kafka possui tão singular autoridade espiritual? Talvez a pergunta deva ser colocada de outro modo. Que tipo de autoridade espiritual Kafka tem para nós, ou por que somos incitados ou compelidos a lê-lo como alguém dotado de tal autoridade? Por que, afinal, invocar a questão da autoridade? A autoridade literária, seja como for que a definamos, não tem relação necessária com a autoridade espiritual, e, de qualquer forma, falar de autoridade espiritual em escritos judaicos sempre foi falar de modo bastante dúbio. A autoridade não é um conceito judaico mas um conceito romano, o qual, contemporaneamente, encontra seu sentido pleno no contexto da Igreja católica romana, mas não faz o menor sentido em assuntos judaicos, a despeito da esqualidez da política israelense e da devoção flácida de judeus americanos nostálgicos. Não há autoridade sem hierarquia, e esta tampouco é um conceito judaico. Não queremos que os rabinos, ou seja quem for, nos digam o que ou quem é ou não é judaico. As máscaras do normativo escondem não apenas o ecletismo do judaísmo e da cultura judaica, mas também a natureza do próprio Iahweh do escritor J. É absurdo pensar Iahweh como dotado apenas de autoridade. Ele não é nenhuma divindade romana que amplia as atividades humanas, nem um deus homérico ajudando a constituir uma plateia para o heroísmo humano.

Iahweh não é fundador nem espectador, embora vez por outra possa ser tomado por um dos dois ou por ambos. Seu tropo essencial é a paternidade, em vez da fundação, e suas intervenções são as de um pactuante em vez de um espectador. Não podemos fundar nenhuma autoridade nele, pois a benignidade que lhe é peculiar não se manifesta pelo acréscimo, e sim pela criação. Ele não escreve; ele fala, e é ouvido, no tempo, e o que Ele continua a criar por meio de sua fala é *olam*, tempo sem limites, o que é mais do que uma mera ampliação. Um acréscimo a todas as coisas pode advir da autoridade, porém mais vida é a bênção em si mesma, que recai, independentemente da autoridade, sobre Abraão, Jacó e Davi. Assim como Iahweh, nenhum destes tem qualquer autoridade. No entanto, Kafka com certeza tem autoridade literária e, de modo problemático, sua autoridade literária é agora também espiritual, sobretudo em contextos judaicos. Não suponho que isso seja um fenômeno pós-Holocausto, embora o gnosticismo judaico, seja ou não oximorônico, decerto parece, a muitos de nós, apropriado à nossa época. O gnosticismo literário não me parece, de qualquer modo, um fenômeno limitado no tempo. *O castelo* de Kafka, como admitiu Erich Heller, é claramente mais gnóstico que normativo em sua índole espiritual, mas o mesmo se pode dizer de *Macbeth* de Shakespeare, *The four zoas* de Blake e *Sartor Resartus* de Carlyle. Percebemos um elemento judaico no gnosticismo aparente de Kafka, mesmo que estejamos menos preparados do que Scho-

189

lem para considerá-lo uma nova Cabala. Em seu diário de 1922, Kafka sutilmente insinuou que até mesmo sua adoção do negativo era dialética:

> O Negativo, sozinho, por mais forte que seja, não pode bastar, como acredito que possa em meus momentos de maior infelicidade. Pois se dei o menor passo rumo ao alto, se conquistei qualquer segurança para mim, seja a da mais dúbia espécie, eu então me distendo nesse patamar e espero pelo Negativo, não para que ascenda até mim, na verdade, mas para que me arraste de volta para baixo. Portanto é um instinto de defesa em mim que não tolera que eu tenha o mais ligeiro grau de bem-estar duradouro, e que destrói o leito nupcial, por exemplo, antes mesmo que ele tenha sido arrumado.

O que é o negativo kafkiano, seja nessa passagem ou em qualquer outra? Comecemos descartando a noção galesa de que haja algo de hegeliano nele, assim como não há algo de hegeliano na *Verneinung* freudiana. O negativo de Kafka, diferentemente do de Freud, descende constrangida e remotamente da antiga tradição da teologia negativa, e talvez até mesmo da mais negativa das antigas teologias, o gnosticismo, e no entanto Kafka, apesar de suas aspirações pela transcendência, une-se a Freud ao aceitar a autoridade máxima do fato. Aquilo que é dado não sofre destruição em Kafka ou em Freud, e isso que é dado é essencialmente o modo como são as coisas, para cada um, e para os judeus em particular. Se o fato é supremo, a mediação do negativo hegeliano torna-se, pois, uma absurdidade, e nenhum uso destrutivo de semelhante negativo é possível, o que vale dizer que Heidegger torna-se impossível, e Derrida, que é uma forte desleitura de Heidegger, inteiramente desnecessário.

De maneira mais simples, o negativo kafkiano é seu judaísmo, isto é, a forma espiritual da autoconsciência judaica de Kafka, conforme exemplificada neste extraordinário aforismo:

"O que nos cabe é levar a cabo o negativo; o positivo já está dado". Aqui, o positivo é a Lei ou o judaísmo normativo; o negativo não é tanto a nova Cabala de Kafka quanto aquilo que ainda nos é imposto: o judaísmo do negativo, do futuro que está sempre se precipitando em nossa direção.

O melhor biógrafo de Kafka até hoje, Ernest Pawel, enfatiza a consciência de Kafka "de sua identidade judaica, não no sentido religioso, mas no sentido nacional". Todavia, Kafka não era um sionista, e talvez não ansiasse tanto por Sião quanto pela língua judaica, seja ela iídiche ou hebraico. Ele não era capaz de ver que seu assombroso domínio estilístico do alemão era precisamente o meio que tinha de *não* trair sua própria identidade judaica. Em sua fase final, Kafka cogitava em ir a Jerusalém, e voltou a estudar intensamente hebraico. Tivesse ele vivido, provavelmente teria ido a Sião, aperfeiçoado um hebraico vernacular, e nos concedido a perplexidade das parábolas e histórias kafkianas na língua do escritor J e de Judah Halevi.

O que reclama interpretação em Kafka é sua recusa em ser interpretado, a atitude evasiva que adota até mesmo no domínio de seu próprio negativo. Duas das suas realizações mais belas e enigmáticas, ambas tardias, são a parábola "A questão de nossas leis", e a história ou testamento "Josefina, a cantora, ou o povo dos camundongos". Cada qual permite um retorno cognitivo da memória cultural judaica, ao mesmo tempo em que recusa a identificação afetiva que tornaria cada obra especificamente judaica em termos de identificação histórica ou contemporânea. "A questão de nossas leis" é apresentado como um problema no primeiro parágrafo da parábola:

> Nossas leis em geral não são conhecidas: são mantidas em segredo pelo reduzido grupo de nobres que nos governa. Estamos convencidos de que essas antigas leis são escrupulosamente administradas; apesar disso, é coisa bastante penosa ser governado por leis de que se não tem conheci-

mento. Não me refiro às possíveis discrepâncias que possam vir à baila na interpretação das leis, nem às desvantagens associadas ao fato de que apenas alguns, e não todo o povo, têm a possibilidade de opinar na interpretação delas. Essas desvantagens talvez não sejam de grande importância. Pois as leis são muito antigas; a interpretação delas foi trabalho de séculos, e decerto em si mesma alcançou dignidade de lei; e, embora ainda reste alguma possível liberdade de interpretação, ela agora tornou-se muito restrita. Demais, os nobres não têm obviamente motivo para ser, em sua interpretação, influenciados pelos interesses pessoais que nos são hostis, pois as leis foram feitas em proveito dos nobres desde o começo, eles próprios estão acima das leis, e este parece ser o motivo de elas serem confiadas exclusivamente às suas mãos. É claro, nisso reside a sabedoria — quem duvida da sabedoria das leis antigas? — mas também o sofrimento para nós; é provável que isso seja inevitável.

No judaísmo, a Lei é precisamente o que em geral é conhecido, proclamado e ensinado pelos sábios normativos. A Cabala era doutrina secreta, e cada vez mais foi preservada não pelos rabinos normativos, mas pelos sectários gnósticos, sabatianos e franquistas, todos os quais descendiam ideologicamente de Nathan de Gaza, o profeta de Sabbatai Zevi. Kafka distorce a relação que há entre o judaísmo normativo e o esotérico, tornando mais uma vez impossível uma representação sinedóquica. Não são os rabinos nem os sábios normativos que se debruçam sobre a Torá mas os *minim*, os hereges desde Elisha Ben Abuyah até Jacob Frank e, em certo sentido, também Gershom Scholem. Para esses gnósticos judeus, como a parábola insinua adiante, "a Lei é tudo o que fazem os nobres". Uma definição tão radical nos diz que "a tradição está longe de ser completa", e que uma espécie de esperança messiânica é, pois, necessária.

Essa concepção, tão incômoda no que tange ao momento atual, é suavizada apenas pela crença de que afinal virá uma época em que a tradição e a nossa investigação dela chegarão juntas à sua conclusão e, por assim dizer, conseguirão um lugar em que seja possível respirar, quando todas as coisas se tornarão claras, a lei pertencerá às pessoas, e a nobreza desaparecerá.

Se a parábola a esta altura tivesse de ser traduzida em termos do cristianismo primitivo, então a nobreza seria os fariseus, e o povo, os fiéis cristãos. Mas Kafka apressa-se em refrear semelhante tradução:

Não se defende isso com nenhum espírito de ódio em relação à nobreza; de maneira alguma, e por ninguém. Estamos mais inclinados a odiar a nós mesmos, pois ainda não nos mostramos dignos de nos serem confiadas as leis.

"Nós", aqui, não pode ser nem os cristãos nem os judeus. Quem, pois, são estes que ainda não se mostraram "dignos de nos serem confiadas as leis"? Aparentemente seriam de novo os corvos ou gralhas, um Kafka ou um caçador Graco, perambulando num estado talvez vulnerável ao ódio por si mesmo ou à desconfiança de si mesmo, esperando por uma Torá que não será revelada. Audaciosamente, Kafka então conclui com um paradoxo patente:

Em verdade, pode-se exprimir o problema apenas com uma espécie de paradoxo: qualquer partido que repudiasse não apenas toda crença nas leis, mas também a nobreza, teria atrás de si todo o povo; no entanto, nenhum partido semelhante pode vir a existir, pois ninguém ousaria repudiar a nobreza. Vivemos nesse fio de navalha. Certa vez, um escritor sintetizou a questão dessa forma: a única lei visível e indubitável que nos é imposta é a nobreza, e devemos nos privar dessa única lei?

Por que ninguém ousaria repudiar a nobreza, quer a interpretemos como constituída de fariseus normativos, heresiarcas gnósticos judeus, ou seja quem for? Embora impostos a nós, os sábios ou os *minim* são o nosso único indício visível da lei. Quem somos nós então? Como deve ser respondida a pergunta final, seja aberta, seja retórica, da parábola? "Devemos nos privar dessa única lei?" A resposta de Blake, em *The marriage of heaven and hell* [O matrimônio do céu e do inferno], foi "Uma única lei para leão & boi é opressão". Porém, o que é uma lei para os corvos? Kafka não nos dirá se ela é ou não opressão.

Josefina, a cantora, também é um corvo ou *kafka*, e não um camundongo, e o povo pode ser interpretado como sendo uma nação inteira de gralhas. O espírito do Negativo, constrangido mas predominante em "A questão de nossas leis", é liberado para uma terrível liberdade na história testamentária de Kafka. Isto é: na parábola, as leis não poderiam ser a Torá, conquanto essa analogia pairasse por perto. Porém, na história de Josefina, o povo dos camundongos a um só tempo é e não é o povo judaico, e Franz Kafka é e não é o singular cantor desse povo. Cognitivamente, as identificações são possíveis, como se retornadas do esquecimento, mas com certeza são impossíveis em termos afetivos, a menos que possamos admitir que aspectos essenciais das identificações foram esquecidos de modo intencional, se não inconsciente. O canto de Josefina *é* a história de Kafka, e no entanto a história de Kafka dificilmente é o canto de Josefina.

Pode haver um modo de negação que não seja consciente nem inconsciente, nem hegeliano nem freudiano? O gênio de Kafka fornece um, revelando muitas gradações entre a consciência e o trabalho da repressão, várias demarcações muito mais fantasmagóricas do que poderíamos ter imaginado sem ele. Talvez a mais fantasmagórica venha no final da história:

O caminho de Josefina, porém, deve seguir ladeira abaixo. Logo chegará o tempo em que suas últimas notas soarão e desaparecerão no silêncio. Ela é um pequeno episódio na história eterna de nosso povo, e o povo superará sua perda. Não que isso vá ser fácil para nós; como poderão nossas reuniões se realizar em completo silêncio? Todavia, já não eram silenciosas mesmo com Josefina presente? Era seu verdadeiro assobio notavelmente mais alto e mais vivo do que será a memória dele? Foi, mesmo durante sua vida, mais do que uma simples memória? Não seria, antes, por já estar o canto de Josefina assim além da perda, que o nosso povo em sua sabedoria o tinha em tão alta estima?

Então talvez não iremos afinal sentir tanto sua falta, ao passo que Josefina, redimida dos sofrimentos terrenos, que em seu modo de pensar aguardam em emboscada a todos os espíritos escolhidos, se perderá venturosamente na incontável multidão de heróis do nosso povo, e logo, de vez que não somos historiadores, ascenderá às alturas da redenção e será esquecida como todos os seus irmãos.

"Eu sou uma Memória tornada viva", anotou Kafka em seu diário. Fosse ou não essa a sua intenção, ele foi uma memória judaica tornada viva. "Foi, mesmo durante sua vida, mais do que uma simples memória?", pergunta Kafka, consciente de que também ele estava além da perda. Os judeus não são historiadores, em certo sentido, porque a memória judaica, como demonstrou Yosef Yerushalmi, é um modo normativo e não histórico. Kafka, se pudesse rezar, o teria feito para ascender às alturas da redenção e ser esquecido como a maioria de seus irmãos e irmãs. Mas sua súplica não teria sido atendida. Quando pensamos no escritor católico por excelência, pensamos em Dante, que no entanto teve a ousadia de venerar sua Beatriz na hierarquia do Paraíso. Se pensamos no escritor protestante por excelência, pensamos em Milton, partido ou seita de um só, que acreditava que a alma era mortal, e haveria de ressuscitar apenas em união com o corpo. Quando pensamos no escritor judaico por excelência, temos de pensar em Kafka, que se furtava à própria audácia, não acreditava em nada, e confiava apenas no pacto de ser um escritor.

* * *

Kafka sempre teve medo de que iria perecer pela verdade, pela única verdade que conhecia, que era confiar em seu pacto como escritor. O que significa confiar no pacto não entre Iahweh e o povo judaico, mas entre a escrita e um escritor? Gregor Samsa é um solitário (seu sobrenome pode ser traduzido do tcheco como "estou só"), um caixeiro-viajante e um tipo de pária ou proscrito da família, ao menos em sua própria visão atormentada. Sua famosa metamorfose numa espécie de gigantesco percevejo completa-se na primeira sentença da história. O destino de Gregor é certo, mas sem esperança; há muita esperança, para escrever assim como para Deus, mas nenhuma para Gregor. A lei, que é o modo como são as coisas, incluindo o imenso débito dos pais de alguém para com seu patrão, é essencialmente uma compulsão universal de repetir. Nenhuma ironia, por mais bem manipulada, é capaz de representar a compulsão de repetição como a Lei dos judeus. O patrão de Samsa não é, pois, Iahweh, porém outra versão do Demiurgo gnóstico, soberano do vazio cosmológico que habitamos.

O único desejo de ordem que Kafka conhecia era seu desejo implícito de não ser interpretado. Pode não haver uma coerência definitiva em minha interpretação gnóstica (nem nas de Scholem, Benjamin, Heller ou qualquer outro), porque Kafka nega a busca gnóstica do Deus alheado, a busca de nossa própria centelha ou *pneuma* reunindo-se ao abismo original em algum lugar fora deste mundo. O gigantesco percevejo não é a carapaça decaída de Samsa nem seu *pneuma*, potencialmente redentor. E dificilmente pode ser sua centelha do abismo original por tratar-se de vérmina horrenda, e, no entanto, só depois de sua transformação em inseto rastejante é Gregor capaz de percepção estética. Tal como o grotesco Calibã de Shakespeare, o inseto Samsa ouve o belo na música, e assim, pela primeira vez, apreende uma outra esfera. Kafka recusou uma ilustração para *A metamorfose* que retrataria Gregor Samsa literalmente como um besouro ou um percevejo: "O inseto em si não pode ser desenhado. Ele não pode ser desenhado, mesmo se aparecesse à distância". Isso não significa dizer que Samsa sofre uma alucinação; apenas nos lembra que uma negação não pode ser visualmente representada, o que, por sua vez, nos recorda as nostalgias kafkianas do segundo mandamento.

Estaria Gregor certo em sua percepção final de que sua morte é uma liberação, um ato de amor por sua família? Wilhelm Emrich, em outras ocasiões um cauteloso exegeta de Kafka, caiu nessa paixão momentânea pelo positivo, armadilha em que, cedo ou tarde, caem todos os leitores de Kafka, de tão extenuados que ficamos com esse que é o maior mestre de evasões. Por ser inexplicável, o inseto não contém, necessariamente, qualquer verdade. *A metamorfose*, como todas as principais narrativas kafkianas, se passa em algum lugar *entre* a verdade e o sentido, "algum lugar" que coincide com a moderna ruptura judaica em relação à tradição normativa. A verdade se acha na esperança, e nenhuma delas nos é acessível, ao passo que o sentido encontra-se no futuro ou na era messiânica, e não alcançaremos nem um nem outro. Somos indolentes, mas a diligência tampouco nos será de valia, nem mesmo o zelo laborioso com que todo escritor se orgulha em aceitar a própria morte. Se é uma sátira, então *A metamorfose* é a sátira de si mesma, ou paródia pós-nietzschiana, que humilha o único pacto de Kafka, o depositar a confiança na possibilidade transcendental de ser um grande escritor.

Portanto, o relato não pode ser interpretado coerentemente como uma fantasia de morte e ressurreição, ou como uma alegoria sobre o destino de ser um escritor, destino em que menos é mais. A morte de Gregor não é efetivamente um sacrifício, nem uma autorrealização, nem mesmo alguma espécie de ironia trágica. Ela é mais uma negação kafkiana que se recusa a negar o que é dado, o mundo do princípio de realidade freudiano. Ao morrer, Gregor não volta a se tornar criança. No entanto, não podemos nem sequer considerá-lo um fracasso, o que poderia garantir-lhe sua queda para cima, para as alturas da redenção. Como Graco, como o cavaleiro do balde, como o médico rural, como o artista da fome, Gregor está suspenso entre a verdade do passado, ou memória judaica, e o sentido do futuro, ou messianismo judaico. O pobre Gregor, portanto, furta-se às categorias tanto da crença quanto da poesia. Quanto haveria de saber a maioria de nós acerca dessa ruptura se não fosse por Kafka, ou por seu legítimo herdeiro, Beckett?

Um gnosticismo sem transcendência não é um ato do conhecimento, porém outra coisa, e não existe transcendência em *A metamorfose*, ou em qualquer lugar em Kafka. Para transcender num mundo de ruptura, necessitamos apenas mudar de direção, mas isso é adotar a postura do gato (ou Arconte gnóstico) da magnífica e apavorante parábola de Kafka, "Uma fábula curta":

"Ai de mim!", disse o rato, "o mundo está ficando menor a cada dia. No começo, era tão grande que fiquei com medo. Continuei correndo, correndo, e fiquei contente quando por fim vi muros a grande distância, à direita e à esquerda, mas esses altos muros estreitaram-se com tanta rapidez que eis-me já na última câmara, e lá, no canto, está a ratoeira em que devo cair." "Mas você precisa apenas mudar de direção", disse o gato, e o devorou.

"A culpa" em geral parece mais uma categoria cristã do que judia, mesmo que a culpa de Joseph K. seja antes de tudo a ignorância da Lei. Certamente, Kafka poderia ser considerado como mais próximo de Freud em *O processo* do que comumente é, uma vez que a culpa freudiana também pouco se distingue da ignorância não da Lei, mas do princípio de realidade. Freud insistia que toda autoridade, pública ou pessoal, ocasionava culpa em nós, pois temos parte no assassinato do pai totêmico. A culpa, portanto, jamais deve ser posta em dúvida, mas apenas porque estamos todos mais ou menos doentes, todos atormentados por nosso desconforto com a cultura. A culpa freudiana e a kafkiana são igualmente conhecidas apenas sob o signo da negação, e não como emoção. Joseph K. não tem consciência de ter agido errado, mas assim como o homem freudiano nutre o desejo de destruir a autoridade ou o pai, também Joseph K. tem seus próprios desejos insatisfeitos contra a imagem da Lei.

O processo por que passa Joseph K. é sem esperança, já que a Lei é essencialmente uma Cabala fechada; seus livros não são acessíveis aos acusados. Se os buscadores tradicionais sofriam um ordálio pela paisagem, o ordálio de Joseph K. se deve a quase tudo e todos com que depara. Os representantes da Lei e seus seguidores são tão insípidos que Joseph K. por contraste parece humano, mas na verdade ele não passa em si mesmo de um pobre-diabo e, se pudesse, seria tão detestável quanto os guardiões da Lei. *O processo* é um livro bem desagradável, e a opinião do próprio Kafka sobre ele talvez tenha sido espiritualmente mais sábia do que as declarações dos críticos. Seríamos submetidos a algum processo se não fôssemos indolentes e assustados? O motivo de Nietzsche para a metáfora era o desejo de ser diferente, o desejo de estar em outra parte, mas a noção que tem Kafka de nosso motivo é que queremos descansar, mesmo que apenas por um momento. O mundo é nossa catastrófica criação gnóstica, forçada à existência pela culpa de nosso repouso. Todavia, isso é criação, e pode ter uma aparência bela, mesmo que os acusados sejam belos ao olhar dos seguidores da Lei.

Não acho que o processo a que Joseph K. é submetido possa ser chamado "interpretação", como julga Ernest Pawel, que segue a tradição judaica ao supor que a Lei é linguagem. *O processo*, como os demais escritos de Kafka, não é uma parábola da interpretação mas do necessário fracasso da interpretação. Eu aventaria que a Lei não pertence toda à linguagem, pois a linguagem de *O processo* é irônica o bastante para sugerir que não está totalmente vinculada à Lei. Se *O processo* tem um núcleo, ele está naquilo que Kafka julgou digno de publicar: a famosa parábola "Diante da Lei". O diálogo concernente à parábola entre Joseph K. e o capelão do cárcere que a narra é notável, porém menos fundamental do que a própria parábola:

Diante da Lei está de guarda um porteiro. A este porteiro se dirige um homem do campo que solicita sua entrada na Lei. Mas o porteiro diz que, no momento, ele não pode admitir o homem. Este, após refletir, pergunta se não lhe permitirão entrar mais tarde. "É possível", responde o porteiro, "mas não agora." Uma vez que, como de costume, a porta que conduz à Lei encontra-se aberta e o porteiro está postado ao lado, o homem se curva para espreitar através da entrada. Quando vê isso, o porteiro ri e diz: "Se sua tentação é tão forte, então procure entrar sem minha permissão. Mas veja que eu sou poderoso. E sou apenas o mais inferior dos porteiros. De uma sala para outra, há guardas em cada porta, um mais poderoso que o outro. Já o terceiro deles tem um aspecto para o qual eu mesmo não suportaria olhar". Essas dificuldades o homem do campo não esperava encontrar, pois a Lei, pensa ele, deveria ser acessível a todo homem e a toda hora, mas quando olha com mais atenção para o porteiro em seu casaco de peles, o grande nariz pontudo e a longa e fina barba tártara, ele decide que seria melhor esperar até obter permissão para entrar. O porteiro lhe dá um banco e o deixa sentar-se ao lado da porta. Lá fica ele sentado esperando durante dias e anos. Ele faz muitas tentativas para ser admitido, e enfara e aborrece o porteiro com sua insistência. Muitas vezes, o porteiro trava rápidas conversas com ele, indagando-lhe sobre sua casa e outros assuntos, mas as perguntas são feitas de modo muito impessoal, da forma como os grandes senhores fazem perguntas, e sempre terminam com a afirmação de que o homem ainda não tem permissão para entrar. O homem, que se equipou com muitas coisas para sua viagem, acaba se desfazendo de tudo o que possui, mesmo das coisas mais valiosas, na esperança de subornar o porteiro. O porteiro aceita tudo, mas sempre diz ao receber cada presente: "Aceito apenas para evitar que você sinta ter deixado alguma coisa por fazer". Durante todos esses longos anos o homem observa o porteiro quase incessantemente. Ele esquece os outros porteiros, e este lhe parece o único obstáculo entre ele e a Lei. Nos primeiros anos ele amaldiçoa em voz alta seu destino maléfico; mais tarde, à medida que envelhece, ele apenas resmunga para si mesmo. Torna-se infantil, e, como em sua longa observação aprendeu a conhecer até mesmo as pulgas no colarinho de pele do porteiro, ele pede às próprias pulgas que o ajudem a persuadir o porteiro a mudar de ideia. Por fim, sua vista se turva e ele não sabe se o mundo está de fato escurecendo à sua volta ou se são apenas seus olhos que o estão enganando. Mas na escuridão ele pode perceber agora um esplendor, que flui infinitamente da porta da Lei. Agora sua vida está caminhando para um desfecho. Antes de morrer, tudo o que ele experimentou durante o tempo de sua permanência ali condensa-se em sua mente na única pergunta que até então não fizera ao porteiro. Ele acena a fim de que o porteiro se aproxime, pois já não pode mais erguer o corpo enrijecido. O porteiro tem de se curvar bastante para ouvi-lo, pois a diferença de tamanho entre eles aumentou muito em desvantagem para o homem. "O que você quer saber agora?", pergunta o porteiro, "você é insaciável." "Todos se esforçam para alcançar a Lei", responde o homem, "como é então que em todos esses anos não surgiu ninguém pedindo permissão para entrar além de mim?" O porteiro percebe que o homem está no fim de suas forças e que sua audição está falhando; assim ele berra em seu ouvido: "Ninguém, além de você, poderia obter permissão para passar por essa porta, pois ela estava destinada apenas a você. Agora vou fechá-la".

Ele percebe de fato um esplendor, ou seus olhos continuam talvez a enganá-lo? O que significaria ser admitido no esplendor? A Lei, suponho, tem o mesmo status que possui na parábola "A questão de nossas leis", na qual ela não pode ser a Torá nem a Lei judaica, e, no entanto, a Torá paira inconfortavelmente perto como uma analogia positiva à negação que está se exprimindo. Joseph K., portanto, é mais uma gralha, mais um corvo kafkiano num cosmo de corvos esperando por aquela nova Torá que não será revelada. Tal espera se permite ser representada em um romance ou por meio de um romance? Ninguém poderia considerar *O processo* maior em seu todo do que em suas partes, e "Diante da Lei" irrompe de sua concha narrativa no romance. A terrível grandeza de Kafka é absoluta na parábola, mas oscilante no romance, invólucro por demais impuro para semelhante fogo.

O fato de que não deveria haver nada exceto um mundo espiritual, Kafka escreveu certa vez, nega-nos a esperança, mas nos dá a certeza. Esta pareceria ser não tanto que há um esplendor, mas que todo acesso a ele será vedado por funcionários subalternos, no mínimo secundados, se não encorajados, por aquilo que passa pelo próprio esplendor. Isto não é um paradoxo, tampouco é o princípio kafkiano proposto pelo padre que narra "Diante da Lei": a interpretação acurada e a desleitura não se podem excluir por completo. A compulsão estética de Kafka (pode haver algo assim?) em *O processo*, como em outras partes, é escrever de modo a criar uma necessidade, mas também de modo a tornar impossível a interpretação, mais do que simplesmente dificultá-la.

A importância permanente e fundamental de Kafka para o dilema judaico pós-normativo é confirmada em *O processo*. Gershom Scholem encontrou em Kafka não apenas o continuador da Cabala gnóstica de Moisés Cordovero, mas também o principal representante para nossa época de um esplendor ainda mais arcaico, o brilho interrompido da revelação hebraica. Talvez Scholem estivesse certo, pois nenhum outro autor judaico moderno nos perturba com a impressão tão forte de estarmos em presença do que Scholem denominou "a forte luz do canônico, da perfeição que destrói".

O exemplo consumado do novo negativo ou da nova Cabala de Kafka é *O castelo*, um romance autobiográfico inacabado e inacabável que relata a história de K., o agrimensor. O que está escrito em suas entrelinhas? Assaltando a última fronteira terrestre, K. é por força ousado, mas se o que está além da fronteira é representado em última análise por Klamm, que é um silêncio confinante e senhor do *kenoma* ou vazio cósmico, então nenhuma ousadia pode bastar. Não podemos redefinir as fronteiras, mesmo que as autoridades o queiram, quando chegarmos ao centro administrativo de uma criação catastrófica, onde as demarcações se firmam contra um suposto caos ou abismo, o qual nada mais é do que o emblema negativo da verdade recusada pela criação falsa ou desfigurada. *O castelo* é o relato de como Kafka não pode retornar pela escrita ao abismo, de como K. não pode realizar seu trabalho como agrimensor.

Parte do fardo de K. é que ele não é audacioso o bastante, mesmo que a audácia talvez não fosse suficiente. Eis aqui a audácia interpretativa de Erich Heller, em *Franz Kafka*, rejeitando corretamente todos os que identificam o Castelo com a espiritualidade e a graça autêntica, mas na qual lhe escapa o inelutável caráter evasivo da nova Cabala de Kafka:

O Castelo do romance de Kafka é, por assim dizer, a guarnição extremamente fortificada de uma companhia de demônios gnósticos, mantendo com êxito uma posição avançada contrária às manobras de uma alma impaciente. Não há ideia concebível de divindade que possa justificar esses intérpretes que veem no Castelo a morada da "divina lei e da divina graça". Seus funcionários são de todo indiferentes às pessoas virtuosas, embora não sejam positivamente perversos. Nem em seus decretos nem em suas atividades se acha qualquer traço de amor, misericórdia, caridade ou grandeza. Em seu gélido desapego, certamente não inspiram espanto, mas temor e repulsa. Seus subordinados são uma praga para o povoado, "um bando selvagem, intratável, governado por seus impulsos insaciáveis [...] seu comportamento escandaloso não conhece limites", uma antecipação dos patifes que iriam se tornar lacaios dos ditadores europeus em vez dos contínuos de um ministério divino. Comparados à mesquinha e aparentemente calculada tortura desta tirania, os deuses da indignação de Shakespeare que "nos matam por diversão" são pelo menos grandiosos em sua insensibilidade.

Segundo tal leitura, Klamm seria o Demiurgo, líder de uma legião de Arcontes, deuses deste mundo. Kafka é por demais evasivo e negativo para nos dar um relato tão positivo e simplista do triunfo do mal, ou pelo menos da generalizada indiferença pelo bem. Esse simbolismo gnóstico faria de Klamm e suas coortes representantes da ignorância, e de K., em comparação, um conhecedor, mas K. não sabe quase nada, sobretudo acerca de si mesmo, e desde o começo superestima a própria força, assim como engana a si próprio ao crer que o Castelo o subestima. O Castelo lá está primeiramente porque K. é ignorante, embora o impulso mais profundo de K. seja para o conhecimento. O maior de todos os erros de K. é o desejo de um confronto pessoal com Klamm, o que por força é impossível. K., o solitário corvo ou gralha, bastaria para destruir a autoridade de Klamm, mas Klamm e o Castelo de Oeste-Oeste significam apenas a ausência de corvos, a incapacidade de K. de alcançar o conhecimento, e, portanto, a impossibilidade do próprio K., o fracasso do levantamento topográfico ou do assalto às fronteiras, da escrita de uma nova Cabala.

Klamm é considerado por Wilhelm Emrich como o elemento interpessoal no erótico, o que se me afigura um erro tão sutil quanto julgar que Klamm seja o Demiurgo, líder de uma legião de demônios gnósticos. Talvez fosse mais exato chamar Klamm de elemento impessoal no erótico, a pulsão, como faz Martin Greenberg; no entanto, o texto de Kafka evita até mesmo tal identificação. Mais próximo de Klamm, como se poderia esperar, está o aspecto negativo da pulsão, sua entropia, cujo efeito sobre a consciência é niilista. Freud, no seu póstumo *Esboço de psicanálise* (1940), diz das pulsões que elas "representam as exigências somáticas sobre a vida mental". Isso se aproxima de Klamm, mas apenas quando damos prioridade a Tânatos sobre Eros, à pulsão de morte sobre a sexualidade. Wilhelm Emrich, com uma ponta de insipidez, chega a identificar Klamm a Eros em seu *Franz Kafka*, o que nos daria um Eros verdadeiramente fantástico:

> Desta maneira, portanto, Klamm é o "poder" que reconcilia os amantes, assim como o poder que, concedendo felicidade e beatitude, está presente no próprio amor. K. procura contato com esse poder, percebendo sua proximidade no amor, uma proximidade grande o bastante para a comunicação por meio de sussurros; mas ele deve "manifestar" tal comunicação e entrar em contato com esse poder em si mediante uma expressão espiritual e intelectual dele próprio; isso significa que, como um ser espiritual e intelectual independente, ele tem de deparar-se com esse poder frente a frente, por assim dizer: ele precisa "manifestar" a esse poder suprapessoal seu próprio entendimento, sua própria relação com ele, relação "conhecida" apenas por ele no presente; ou seja, ele tem de tornar essa relação conhecida também para o poder.

Emrich parece fundamentar essa equação no caso de amor entre K. e Frieda, que começa, em famosa sordidez, no chão de um bar:

> Felizmente Frieda logo retornou, ela não mencionou K., apenas se queixou dos camponeses, e, ao tentar localizar K., foi para trás do balcão, de modo que ele pôde tocar-lhe o pé. A partir desse momento, ele sentiu-se seguro. Contudo, como Frieda não se referisse a K., o estalajadeiro viu-se obrigado a dizer algo. "E onde está o agrimensor?", perguntou ele. Provavelmente era um homem cortês por natureza, educado no contato constante e relativamente livre com homens que lhe eram muito superiores, mas havia uma notável consideração no tom de voz com que se dirigiu a Frieda, o que era tanto mais surpreendente porque, em sua conversa, não deixava de

ser um patrão dirigindo-se a uma empregada, e ainda por cima uma empregada bastante atrevida. "O agrimensor — já havia me esquecido por completo dele", disse Frieda, apoiando o pezinho no peito de K. "Já deve ter ido embora há muito." "Mas eu não o vi", disse o estalajadeiro, "e fiquei quase o tempo todo no corredor." "Bem, aqui é que ele não está", disse Frieda, com frieza. "Talvez esteja escondido em algum lugar", disse o estalajadeiro. "Pela impressão que tive, ele é bem capaz de fazer até muito pior." "Ele provavelmente não ousaria fazer isso", disse Frieda, pressionando o pé com mais força sobre K. Havia certa aura de jovialidade e liberdade em torno dela que K. não havia notado antes, e que de maneira inteiramente inesperada tomou conta dela, pois, começando a rir, ela inclinou-se para K. com as palavras: "Talvez ele esteja escondido aqui debaixo". Beijou-o ligeiramente, e de novo se ergueu, dizendo com ar preocupado: "Não, aqui não está". Em seguida foi a vez de o estalajadeiro surpreender K., ao dizer: "Aborrece-me não saber ao certo se ele se foi. Não apenas pelo senhor Klamm, mas por causa das normas da casa. E as normas se aplicam a você, senhorita Frieda, tanto quanto a mim. Bem, se você tomar conta do bar, eu me encarrego do restante dos quartos. Boa noite. Durma bem!". Mal acabara de abandonar o aposento e Frieda já havia apagado a luz elétrica e se postado sob o balcão, ao lado de K. "Meu querido! Meu querido!", murmurou, mas sem tocá-lo. Como se desfalecendo de amor, deitou-se de costas, os braços abertos; o tempo lhe deve ter parecido sem fim, tendo em vista a felicidade que sentia, e ela sussurrava mais que cantava uma ou outra breve canção. Então, como K. permanecesse absorto, ela sobressaltou-se, e entrou a puxá-lo com força, como a uma criança. "Vamos! Está muito apertado aqui embaixo", e se abraçaram, o pequeno corpo de Frieda a arder nas mãos de K.; num estado de inconsciência que K. tentou em vão repetidas vezes controlar eles rolaram um pouco, acabando por parar com um baque surdo na porta de Klamm, onde ficaram em meio às pequenas poças de cerveja e ao lixo espalhado pelo chão.

"Acabando por parar com um baque surdo na porta de Klamm" é o tropo afrontosamente rançoso de Kafka para uma consumação bem-sucedida do coito, mas que dificilmente transforma Klamm num Eros benigno, com seus cultores deitados "em meio às pequenas poças de cerveja e ao lixo espalhado pelo chão". Poderíamos recordar os libertinos entre os gnósticos, antigos e modernos, que buscavam redimir as centelhas ascendentes por meio de uma redenção *através* do pecado. Frieda, discípula fiel e ex-amante de Klamm, diz a K. que acredita ser obra de Klamm o fato de "termos nos unido lá embaixo do balcão; bendita, não maldita, seja a hora". Emrich acredita plenamente em Frieda, um ato bastante perigoso para um exegeta, e com certeza K. acredita desesperadamente em Frieda, mas então, como observa Heller, "K. ama a Frieda — se é que a ama — inteiramente pelo bem de Klamm". Que K., a despeito de seu impulso à liberdade, possa estar enganado quanto à natureza de Klamm é compreensível, mas não suponho que Kafka estivesse enganado, ou desejasse ser enganado. Se Klamm tem de ser identificado, deve ser com aquilo que é silencioso, confinado e inacessível no coito, algo que partilha do negativo final — a pulsão de morte. Se *O castelo* pertence à eminência estética das melhores histórias, parábolas e fragmentos de Kafka é algo passível de discussão, mas decerto é o melhor texto para estudarmos o negativo de Kafka, sua nova, oculta e subversiva Cabala. Ele continua sendo o mais enigmático dentre os grandes romances do século XX, e percebe-se por que o próprio Kafka o julgava um fracasso. Mas toda Cabala — antiga e nova — tem de fracassar quando se dirige abertamente a mais do que alguns poucos. Talvez *O castelo* fracasse assim como o *Zohar*, mas, como este, *O castelo* de Kafka continuará a fracassar de uma era para outra.

Jonathan Swift, o mais forte ironista da língua inglesa, escreveu em prosa a obra-prima da língua em *A tale of a tub*. Samuel Beckett, o legítimo descendente de Swift tanto quanto seu amigo James Joyce, escreveu as obras-primas em prosa da língua no século XX, às vezes como traduções de seus próprios originais franceses. Tal afirmação não diminui os esplendores barrocos de *Ulisses* e *Finnegans wake*, mas a eles prefere a pureza de *Murphy* e *Watt*, e das traduções de Beckett para o inglês de *Malone dies* [Malone morre], *The unnameable* [O inominável] e *How it is* [Como é]. Diferentemente de Swift e Joyce, Beckett é apenas de modo secundário um ironista, e, apesar de seu talento na tragicomédia, é algo diverso de um escritor cômico. Seu dualismo cartesiano me parece menos fundamental do que sua visão profundamente schopenhaueriana. Talvez Swift — tivesse ele lido e tolerado Schopenhauer — pudesse ter se tornado Beckett.

Um número notável de grandes romancistas achou Schopenhauer mais do que congenial: pensamos em Turgueniev, Tolstói, Zola, Hardy, Conrad, Thomas Mann e até mesmo Proust. Como esses sete romancistas só têm em comum a atividade de escrever romances, podemos suspeitar que o sistema realmente horripilante de Schopenhauer ajude um romancista a realizar seu trabalho. Isso não é diminuir a persuasão intelectual e espiritual de Schopenhauer. Um filósofo que tão profundamente afetou Wagner, Nietzsche, Wittgenstein e (a despeito de suas negações) Freud dificilmente pode ser considerado apenas como um amparo conveniente a contadores de histórias e à arte de contar histórias. Contudo, não há como negar que Schopenhauer tenha estimulado as artes da ficção, mas por quê? Certo é que não podemos ler *O mundo como vontade e representação* como obra de ficção. Quem poderia suportá-la como ficção? Complementando seu livro, Schopenhauer caracteriza a vontade de viver:

Aqui também a vida não se apresenta de modo algum como uma dádiva para a satisfação, mas como uma tarefa, um trabalho pesado a ser executado; e de acordo com isso vemos, nos grandes e nos pequenos, necessidade universal, cuidados incessantes, pressão constante, luta interminável, atividade compulsória, com aplicação extrema de todas as forças do corpo e da mente [...] Todos se esforçam, alguns planejando, outros agindo; o tumulto é indescritível. Mas o objetivo máximo de tudo isso, o que é? Amparar indivíduos efêmeros e atormentados por um breve período, nos casos mais afortunados com privação tolerável e relativa ausência de dor, os quais, contudo, logo são acometidos do tédio; e então, a reprodução dessa raça e sua luta. Nessa desproporção evidente entre a dificuldade e a recompensa, a vontade de viver nos aparece desse ponto de vista, se considerada objetivamente, como um logro, ou subjetivamente, como uma ilusão, e medido por isso tudo o que vive trabalha com o máximo empenho de sua força para obter algo sem nenhum valor. Mas, quando a consideramos com mais atenção, descobrimos aqui também que se trata antes de uma pressão cega, uma tendência sem o menor fundamento ou motivo.

Hugh Kenner sugere que Beckett lê Descartes como ficção. A ficção de Beckett sugere que Beckett lê Schopenhauer como verdade. Enquanto precursor, Descartes está a uma distância segura; Joyce estava próximo demais; e *Murphy* e até mesmo *Watt* são livros joycianos. Indubitavelmente, Beckett voltou-se para o francês em *Molloy* a fim de exorcizar Joyce, e, certamente, de *Malone dies* em diante, a prosa, quando traduzida de volta para o inglês, deixou de ser joyciana. Joyce é para Beckett o que Milton foi para Wordsworth. *Finnegans wake*, como o *Paraíso perdido*, é um triunfo que requer estudo; a trilogia de Beckett, como *The prelude*, internaliza o triunfo por via da imaginação compensatória, em que experiência e perda tornam-se uma coisa só. O estudo não ajuda muito a decifrar Beckett ou Wordsworth. O Velho Mendigo de Cumberland, Michael, Margaret de *The ruined cottage* [O chalé em ruínas]: esses resistem à análise, assim como Molloy, Malone, o Inominável. Coloque meu homônimo, o sublime Poldy, em *Murphy*, e ele poderia se adaptar, embora explodisse o livro. Colocá--lo em *Watt*? Isso não pode ser feito, e Poldy (ou até mesmo Earwicker) na trilogia seria como Milton (ou Satã) perambulando em *The prelude*.

A moda (em grande parte derivada de desleituras francesas do pensamento alemão) de negar um ego fixo, estável, é uma pedra de toque da crítica atual. Mas tal negação equivale à alegação, feita em cada geração de literatos, de que só ela verdadeiramente escreve a linguagem comum e não uma dicção poética. Ambas as posturas definem o modernismo, e o modernismo é tão velho quanto a Alexandria helenística. Calímaco é tão modernista quanto Joyce, e Aristarco, como Hugh Kenner, é um modernista antiquário ou um antiquário modernista. Schopenhauer descartou o ego como ilusão, a vida como tormento e o universo como nada, e ele corretamente creditou essas percepções àquele grande modernista, o Buda. Beckett também é tão modernista quanto Buda, ou quanto Schopenhauer, que disputa com Hume a posição de melhor escritor entre os filósofos desde Platão. De vez em quando, rio-me ao ler Schopenhauer, mas o riso é defensivo. Beckett provoca risadas, assim como Falstaff, ou à maneira dos *clowns* de Shakespeare.

Em *Proust*, sua primeira monografia, Beckett cita a definição que dá Schopenhauer do procedimento artístico como "a contemplação do mundo independentemente do princípio da razão". Essa contemplação mais que racional proporciona a Proust aqueles momentos ruskinianos ou paterianos privilegiados que são "epifanias" em Joyce, mas aos quais Beckett sarcasticamente chama "fetiches" em Proust. Explosões transcendentais de esplendor necessariamente não fazem parte do cosmo de Beckett, que se assemelha, se é que se assemelha a algo, à criação do Demiurgo no antigo gnosticismo. Basilides ou Valentino, heresiarcas alexandrinos, teriam reconhecido de imediato o mundo da trilogia e das peças principais: *Esperando*

Godot, Fim de jogo, A última gravação. É o mundo regido pelos Arcontes, o *kenoma*, o não lugar da vacuidade. A enigmática espiritualidade de Beckett busca (embora esporadicamente) um vácuo que seja uma plenitude, o abismo ou *pleroma* que os gnósticos consideravam ser tanto o pai quanto a mãe ancestrais. No caso de Beckett, podemos chamar a isso de gnosticismo natural em vez de revelado, mas, não obstante, continua sendo gnosticismo. O quietismo de Schopenhauer não é, ao cabo, o de Beckett, o que significa dizer que, para Beckett, como para Blake e os gnósticos, a Criação e a Queda foram o mesmo acontecimento.

O jovem Beckett, resenhando implacavelmente uma tradução de Rilke para o inglês, rejeitou memoravelmente os autoenganos transcendentais de Rilke, pelos quais o poeta confundiu seus próprios tropos com evidências espirituais: "Tal tumulto de autoengano e descontentamento ingênuo nada logra em dignidade daquele primeiro artigo da fé rilkiana, que estipula a permutabilidade de Rilke e Deus [...]. Ele tem bicho-carpinteiro, uma perturbação que pode muito bem dar origem, como fez com Rilke vez por outra, a poesia de uma ordem elevada. Mas por que chamar o bicho-carpinteiro de Deus, Ego, Orfeu e o restante?".

Em 1938, o ano em que *Murphy* foi tardiamente publicado, Beckett declarou sua dupla impaciência, com a linguagem da transcendência e com a transcendência da linguagem, ao mesmo tempo em que também insinuava a iminência de seu afastamento em relação a Joyce com a composição de *Watt* (1942-4):

A princípio, pode ser apenas uma questão de achar de alguma forma um método pelo qual possamos representar essa atitude zombeteira para com a palavra, por meio das palavras. Nessa dissonância entre os meios e sua utilização, talvez seja possível sentir um murmúrio daquela música final ou daquele silêncio subjacente a Tudo.

Com tal programa, em minha opinião, a última obra de Joyce nada tem a ver. Parece tratar-se ali mais de uma apoteose da palavra. A menos que a Ascensão ao Céu e a Descida ao Inferno sejam talvez de algum modo a mesma e única coisa.

O caminho de uma imaginação gnóstica é a descida, no que não pode ser chamado uma esperança para libertar as centelhas aprisionadas em palavras. A esperança é estranha à ficção madura de Beckett, de sorte que podemos dizer que suas imagens são gnósticas mas não o seu programa, pois lhe falta todo programa. Um gnosticismo sem transcendência potencial é a mais negativa de todas as possíveis posturas negativas, e decerto responde pela impressão do leitor congenial de que toda grande obra de Beckett deve necessariamente ser a derradeira. No entanto, o magnífico parodoxo é que, em Beckett, a condição do menos jamais termina.

"Nada se obtém a troco de nada." Esta é a mais recente versão da lei da compensação enunciada por Emerson no ensaio "Poder", em *The conduct of life* [A condução da vida]. Não se obtém nada a troco de nada nem mesmo em Beckett, esse que foi o maior mestre do nada. Na progressão que vai de *Murphy*, passando por *Watt* e a trilogia, até chegar a *How it is* e às ficções menores dos últimos anos, há, para o leitor, tanto perdas quanto ganhos. O mesmo é verdadeiro para a sequência que vai de *Esperando Godot*, *Fim de jogo* e *A última gravação* até as peças menores da fase atual e talvez final de Beckett. Um humor feroz abandona Beckett, ou é transformado em uma comédia para a qual não parecemos estar preparados. Até mesmo um leitor excepcional pode ansiar por aqueles pitagóricos maravilhosos, Wylie e Neary, que são o deleite de *Murphy*, ou pelo sentido do pitoresco que faz uma última aparição em *Molloy*. Embora o modo fosse de Joyce, a música de Wylie e Neary é só de Beckett:

"Estes são ditos sombrios", disse Wylie.
Neary emborcou sua xícara.

"Perspicaz", ele disse, "como se dá com o amor do corpo, também com a afeição do espírito, a plenitude só é alcançada com o acesso aos lugares mais remotos. Aqui estão as partes pudendas de minha psique."

"Cathleen", gritou Wylie.

"Mas traia-me", disse Neary, "e você acabará como Hipasos."

"O Adkousmático, suponho", disse Wylie. "Esqueci-me de seu castigo."

"Afogado em uma poça", disse Neary, "por ter divulgado a incomensurabilidade do lado e da diagonal."

"Assim perecem todos os tagarelas", disse Wylie.

[...]

"Não use de evasivas", disse Neary asperamente. "Você salvou-me a vida. Agora alivie-a."

"Receio enormemente", disse Wylie, "que a síndrome que se conhece por vida é muito difusa para admitir alívio. Para cada sintoma a que se dá um paliativo, piora um outro. A filha da sanguessuga do cavalo é um sistema fechado. Sua porção de necessitação não pode variar."

"Muito bem colocado", disse Neary.

Podemos nos perdoar por sentir falta disso, mesmo quando renunciamos a esses prazeres mais fáceis pelos mais difíceis de *How it is*:

minha vida acima que fiz em minha vida acima um pouco de tudo tentei tudo então desisti em nada pior sempre um buraco uma ruína sempre uma crosta nunca bom em nada inadequado para aquela farragem muita complicação rastejar pelos cantos e dormir tudo que quis eu o consegui nada restou senão ir para o céu.

O modo sublime, segundo um grande teórico, Angus Fletcher, tem "a função direta e importante de destruir a servidão do prazer". Beckett é certamente o mais forte autor ocidental vivo, o último sobrevivente da sequência que inclui Proust, Kafka, Joyce. Parece estranho considerar Beckett, o mais surpreendente dos minimalistas, como um representante do modo sublime, mas o isolamento e o terror do sublime elevado retornam nas criações catastróficas de Beckett, naquela visão que Fletcher denomina "catástrofe na forma de gradual desgaste e redução de velocidade até um ponto morto". Um sublime que se move rumo ao silêncio necessariamente depende de uma retórica do lirismo minguante, no qual toda a gama de efeitos é transformada, como observa John Hollander: "Sentenças, frases e até imagens são as legítimas árias nas peças e na prosa mais recente. A magnífica ascensão do papagaio de papel no final de *Murphy* ocorre numa cautelosa mas positiva vaga de canto cerimonial, a que ele jamais retornará".

O Caçador Graco de Kafka, que vivera feliz e morreu feliz, nos diz: "Meti-me em minha mortalha tal qual uma jovem em seu vestido de noiva. Deitei-me e esperei. Então, sobreveio o contratempo". O contratempo, um erro momentâneo da parte do piloto do barco da morte, leva Graco do mundo heroico do romance até o mundo de Kafka e de Beckett, onde não se está vivo nem morto. É o triunfo peculiar de Beckett disputar com Kafka a tenebrosa eminência de ser o Dante desse mundo. Apenas Kafka, ou Beckett, poderia ter escrito a sentença em que Graco sintetiza o horror de sua condição: "A ideia de ajudar-me é uma doença que tem de ser curada acamando-se". Murphy poderia ter dito isso; Malone está além de dizer qualquer coisa tão simplesmente expressionista. O "além" é onde se situam as últimas ficções e peças de Beckett. Chame-se a isso o silêncio, ou o abismo, ou a realidade além do princípio do prazer, ou a realidade metafísica ou espiritual de nossa existência por fim exposta, além de qualquer ilusão. Beckett não pode ou não a quer nomear, mas ele abriu seu caminho até a arte de representá-la de forma mais persuasiva do que qualquer outro. Ele também contempla, com Wallace Stevens, "um caminho da verdade", senão um caminho do sentido, um tropo que revela que "Foi-se nosso florescer. Somos o fruto disso".

HAROLD BLOOM, nascido em 1930, é professor de humanidades da universidade Yale, colaborador do *New York Review of Books* e do *Times Literary Supplement*, autor de mais de vinte livros, além de estudos sobre Shelley, Keats, Blake, Yeats e Wallace Stevens.

1ª edição Companhia das Letras [1993]
1ª edição Companhia de Bolso [2012]

Esta obra foi composta pela Verba Editorial em Janson Text
e impressa pela Prol Editora Gráfica em ofsete
sobre papel Pólen Soft da Suzano Papel e Celulose